9Marks 健康教會九標誌

福音真義 What Is the Gospel?

紀格睿 (Greg Gilbert) 著

王悦 譯

What Is the Gospel?

© 2010 by Gregory D. Gilbert

Published by Crossway

a publishing ministry of Good News Publishers

Wheaton, Illinois 60187, U.S.A.

This edition published by arrangement with Crossway.

福音真義

作者：紀格睿 （Greg Gilbert）

翻譯：王　悦

編輯：趙　潔

特約編輯：臧玉芝

出版：忠信福音出版社

網址：www.befaithful.net

ISBN：978-1-958708-00-2

電子書 ISBN：978-1-958708-01-9

除非特別說明，本書所有經文均引自和合本圣經。

本書是將一個古舊的福音故事用現代的語言重新闡述，並且警示我們有可能出現的錯謬。即便是對這古舊福音非常了解的人，也會在閱讀本書中發現他和其他人一樣需要福音。

——柴培爾（Bryan Chapell），聖約神學院院長

紀格睿透過嚴謹的聖經研究回答了任何人都會問的一個重要問題，同時澄清了可能的誤解。即便你認為自己已經知道了神在基督裏所做成的好消息是什麼，本書仍然可以幫助你更清楚地認識福音的核心之處。

——科林・漢森（Collin Hansen），「福音聯盟」（TGC）總編輯

非常榮幸的是，我過去帶領和教導過紀格睿，現在他用這本書來教導我。這本有關福音的小書是我近年來讀過的最清楚、最重要的書之一。

——狄馬可（Mark Dever），華盛頓國會山浸信會主任牧師

清晰教導福音信息能夠讓聽到的人對福音更有信心，也能讓我們對福音的核心真理更加確信。這本小書在這方面做得很好，既清晰，又基於聖經，無論誰讀本書都能從中受益。

——威廉・泰勒（William Taylor），倫敦聖海倫主教門教堂

（St. Helen's Bishopsgate Church） 主任牧師

紀格睿有一個敏銳的頭腦和牧者的心腸，他所寫的這本書對福音朋友、新基督徒，以及任何其他想要更多更清晰了解福音的人都會有幫助。我等待這樣一本書已經很久了！該書澄清了對福音、對基督的國度和對十字架意義的很多誤解。
——**凱文·德揚**（Kevin DeYoung），*基督聖約教會主任牧師*

福音是什麼？這本簡短而又有力的小書用清晰的陳述回答了這個問題。這是對好消息的美好展現。請務必讀這本書，並推薦給別人。
——**丹尼爾·阿金**（Daniel L. Akin），*浸信會東南神學院院長*

紀格睿是這個世代中神所呼召來全時間服事教會的聰明又信實的年輕傳道人之一。在本書中，他將給我們看到一個有穿透力、忠實又完備的福音信息。沒有比認識真正的福音、拆穿錯誤的福音，並建造一個忠於福音的基督徒群體更重要的事情了。本書出版得正是時候。
——**阿爾伯特·莫勒**（Albert Mohler），*美南浸信會神學院院長*

獻給莫麗婭（Moriah）

我愛你

非常非常地愛你

目　錄

叢書前言

九標誌系列叢書的寫作基於兩個基本前提。首先，地方教會對基督徒生活來說比今天很多基督徒所設想的還要重要得多。作為九標誌的同工，我們相信健康的基督徒一定也是健康的教會成員。

其次，當地方教會以神的話語為中心建構時，他們一定也會在基督徒生活和生命素質上成長。神對我們說話時，教會就應該聆聽和跟隨。很簡單，不是嗎？當教會聆聽和跟隨時，教會就越來越像她所聆聽和跟隨的那位主。教會會反映神的愛和神的聖潔，反映神的榮耀。當教會聆聽這位救主時，教會就會越來越像這位救主。

根據以上這兩點，讀者們會注意到這「九個標誌」全都來自狄馬可的《健康教會九標誌》（美國麥種傳道會，2009）一書。而這九個標誌又都來自聖經：

- 解經式講道
- 基於聖經的神學
- 基於聖經的福音信息

- 基於聖經理解悔改歸信
- 基於聖經理解福音佈道
- 基於聖經理解教會成員制
- 基於聖經理解教會紀律
- 基於聖經理解門徒訓練與成長
- 基於聖經理解教會帶領

　　當然，教會要健康還有很多要做的事情——比如說禱告，但是這九個標誌是我們相信被很多教會所忽視的。所以我們對眾教會的呼籲是：不要僅僅關注最佳實踐、最新潮的教會成長方法，而是轉向神和祂的話語。從聆聽神的話語開始。

　　根據這些主張，我們開始製作編輯九標誌系列叢書。這些小書將更進一步地展開這九個標誌，並從多個角度展現這些標誌的意義。有些是寫給牧師的，有些是寫給基督徒的。我們希望這套小書能夠認真地將聖經解釋、神學思考、文化回應、團體應用，甚至個人勸勉結合在一起。好的屬靈書籍應該同時具備神學性和實用性。

　　我們也為此禱告，求神使用這本書和其他小冊子幫助預備基督的新婦——教會，使她在主來的時候能夠預備好、容光煥發。

序

在三十多年的神學教學生涯裏，我發現神學生們問的最有爭議的問題在每個世代都不一樣。對整個基督徒群體來說，情況也是如此。曾經一度，只要你拋出這樣的問題：「你如何看待靈恩運動？」或「聖經無誤論是否值得維護？」或「你對慕道友導向的教會有何看法？」，就保證會引發一場熱烈的討論。現在也有很多人願意討論這些問題，但是討論過後通常只有殆盡的餘溫和微弱的亮光。誠如本書作者所指出的，如今最可能會引發爭論的問題是：什麼是福音？有人可能還會加上這個問題的「近親」，什麼是福音派？

針對上述問題產生了各種相互抵觸的答案，它們常常教條地維護自己的觀點，但依據卻極少來自於聖經。這種情況十分令人擔憂，因為這些都是極其基本的問題。當「福音派人士（evangelicals）」對「何為福音（evangel）」（「福音派人士」的英文單詞evangelical的字根evangel是「福音」的意思，與gospel同義）也持有各種極為不同的觀點時，人們會總結說：要麼說，所謂福音派運動只是某種不同的現象，他們既沒有一致性的福音，也沒有對神「一次交付」給我們，祂的子民

「的真道竭力爭辯」的責任感（猶3）；或者說，很多人自稱是「福音派人士（evangelicals）」，但卻不是，因為他們已將「福音（evangel）」，也就是我們說的「福音（gospel）」拋諸腦後了。

走近紀格睿，你會發現他的這本書並非要在重新審視那些絕不該被忽視甚或丟棄的古舊闡釋時，開闢另一片全新的天地。紀格睿清晰的思維和縝密的表達，是值得讚賞的。這本書能幫助更多成熟的基督徒變得思維敏捷和犀利。然而更重要的是，這本書值得廣泛推薦給教會帶領、年輕基督徒、甚至是尚未信主但想清楚瞭解何為福音的人。認真閱讀本書，然後去買一箱送給更多的人吧。

D. A. 卡森

導 論

什麼是耶穌基督的福音？

或許你認為這是個不難回答的問題，特別是對基督徒而言。你可能會想，寫本書讓基督徒認真思考「什麼是耶穌的福音」，真是多此一舉。這就像是讓木匠們坐下來思考「什麼是錘子」一樣。

畢竟耶穌基督的福音是基督教的核心，我們基督徒也宣稱福音高於一切。福音是我們建造生命、建立教會的根基，是我們和他人談論的內容，更是我們禱告祈求人們可以聽到並且相信的信息。

儘管如此，你認為大部分基督徒對福音的把握有多牢固？如果有人問你：「你們基督徒一直傳講的這個消息究竟是什麼？它到底好在哪裏？」你會如何回答呢？

我對此的體會是，太多基督徒的回答與聖經中所講的「耶穌基督的福音」相距甚遠。他們也許會告訴你：「福音就是，只要你相信神，祂就會原諒你一切的罪。」或者有人說：「好消息就是神愛你，祂對你的生命有一個奇妙的計劃。」又或者說：「福音說的是，你是神的兒女，而神希望祂的兒女在

人生各方面都大獲成功。」有些人可能知道，福音很重要的部分是耶穌在十字架上的死和祂的復活；但問題是，該如何把這重要的部分融入到我們所傳的福音中呢？

實際上，讓基督徒對「何謂福音」這個問題有一致的答案，不是那麼理所當然的。我在一個名為「健康教會九標誌（9Marks）」的事工中服侍，它隸屬於在美國華盛頓特區的國會山浸信會（Capitol Hill Baptist Church）。總體而言，那些閱讀和評論我們文章論述的人基本上是福音派基督徒中非常小的群體。他們相信聖經的真實無誤，相信耶穌死在十字架上並且身體從死裏復活，也相信每個人都是需要救恩的罪人，而他們都希望自己成為以福音為中心、並被福音浸潤的人。

但是在我們所發表的各類文章中，你覺得哪個話題會引發最大量的評論和最熱烈的回應呢？是的！就是福音。我們連續數月發表談論講道、門訓、輔導、教會體制，甚至教會音樂的文章，讀者的回應經常是有趣味但沒有新意。但當我們發一篇文章，試圖闡明聖經教導的基督教的好消息，回應卻是令人震驚的。

不久之前，我的一個朋友在我們的網站上發了一篇短文，文章講了某知名基督徒藝人在一次採訪中被問到如何定義基督教的好消息。那個藝人的回答是這樣的：

> 這真是個好問題。我想我可能……我的第一反應會說福音就是耶穌的到來、生活、死亡和復活，

以及萬物因祂被恢復的已然和未然……這一切都是
因祂自己而發生的……使萬物都得以被歸正……而
這也在基督徒的生命和內心裏帶來了一個開始，也
成就了一種現實。不過，有一天會完全實現。但是
好消息，福音，我會說那就是祂的國度將要降臨的
消息，開啟祂國度降臨的序幕……這就是我直覺性
的回答。

　　一些人在回應這篇文章時提出了這樣的問題：「當我們
在闡述基督教的福音時，不應該對耶穌的受死和復活做解釋
嗎？」或者「我們不是應該談論罪，以及我們需要救恩來逃避
神對罪的忿怒嗎？」

　　這一系列文章的回應實在令人感到不可思議。我們在幾個
月裏收到了大量的回應信息。一些人寫信對我們所提出的問題
表示感謝；也有人認為這樣表述福音沒有不妥，因為耶穌也曾
傳講過神國的到來；還有人只是對基督徒認真思考如何表述福
音而頗感新鮮。

　　從某些方面來看，我很高興基督徒在討論福音問題時如此
興奮。這意味著他們對福音態度認真，並且對「何為福音」有
著深入的思考。基督徒若對如何定義和理解福音漠不關心，那
將毫無屬靈健康可言。但另一方面，我認為這種對福音的討論
所產生的能量，也顯明現今福音周圍的那層迷霧。當你真實地

去面對它時，基督徒，即使是那些自稱為福音派的基督徒也無法對「何為福音」這一問題達成一致。

如果隨意問一百個自稱為福音派的基督徒「什麼是耶穌的好消息」，你可能會得到大概六十種不同的回答。聽福音派的講道，閱讀福音派的書籍，瀏覽福音派的網站，你也會發現對福音不同的描述，而其中很多是彼此抵觸的。我在此僅列出其中的幾個：

> 好消息就是神要向你彰顯祂無比的慈愛。祂要給你的生命注入「新酒」，但是你願意丟掉你的「舊皮袋」嗎？你是否願意拓展你的思維、開闊你的視野，並且丟掉那些讓你停滯不前的消極思維模式呢？

> 福音就是一句話。因為基督為我們而死，那些凡信祂的人可以知道他們所有的罪已經被一次性地赦免。我們在神的審判臺前該說什麼呢？只有一件事：基督替我而死。這就是福音。

> 耶穌的信息可以被稱為史上最具革命性的信息：「神具有根本革命性的國度已經到來，它藉著和好與和平被推動，藉著信、望、愛被擴張，始於

那些最貧窮、最軟弱、最溫柔和最卑微的人。是時候轉換你的思維了。一切都要改變。是時候開始一種新的生活方式了。相信我。跟隨我。相信這個好消息，然後你就可以學習倚靠它生活，並且參與到這場變革中來。」

好消息就是說，無論你曾經做過什麼、曾經去過哪裏、犯過多少錯誤，神都不會轉離你。祂愛你，祂正轉向你、尋找你。

福音本身意味著宣認耶穌，那位被釘十架並且復活的彌賽亞是世上獨一的真神。

好消息！神已經作王，並藉著耶穌成就了這一切！因此，看這一切：神的公義、神的平安、不斷被更新的神的世界。我們身處其中當然就是好消息。但那只是好消息的衍生品或必然結果。關於耶穌的，並且對你、對我、對我們有著某種次要影響的信息。然而福音本身並不是說因為你屬於這一類人，所以福音才能臨到你。那只是福音的結果，而非福音本身。……救恩是福音的結果，但並非福音本身的核心。

　　所謂福音就是傳講耶穌，這包含兩層意思：一個是傳講耶穌所宣告的一切，神的領域（祂的「國度」）降臨在人類世界的範圍之中；另一個是傳講耶穌的一切，耶穌死和復活的好消息，耶穌將祂所傳講的國度賜給了我們。

　　身為基督徒，我努力活出某種特定的生活方式，而耶穌教導的方式的確可行，並且我認為耶穌的方式是最佳的⋯⋯當你有意識地不斷去按照耶穌的方式生活，久而久之，你就會開始注意到一些深層次的東西。你開始明白，之所以這是一種最佳的生活方式，是因為它植根於那些與世界相關的真理之上。你會發現自己與終極現實的步調越來越和諧，也與這個世界最深層次的現實越來越同步⋯⋯而早期的基督徒把耶穌的這種方式稱為「好消息」。

　　我對耶穌的好消息的理解是，祂教導我們在當下如何生活在神的同在中，就在此時此地。這就像是耶穌一直在說：「改變你的生活，以這種方式生活。」

　　現在，你明白我所說的「福音被一層迷霧環繞」的意義了吧。如果你從未聽說過基督教，那麼讀了上述種種說

法，你會作何感想？很顯然你會知道基督徒想要傳達某種好消息。但是除此之外，簡直是一團亂麻。好消息僅僅是神愛我，是我應該開始更積極地思考嗎？或者是說耶穌真是一個教我如何愛人、憐憫人的好榜樣？好消息可能與罪和赦免有點關係吧。顯然有些基督徒認為這個好消息和耶穌的死有關，而另一些人卻不這麼認為。

　　我在此列出這些看法，重點不是在此判定其中哪些略勝一籌、哪些稍顯遜色，而是想讓你知道談到「何為福音」時，人們的頭腦裏會冒出形形色色的想法來。不過我希望讀過本書之後，你能夠知道如何判定這些看法。

　　在本書中，我想對這個問題給出一個明確清晰的回答，這個回答基於聖經本身對福音的教導。在此過程中，我對以下幾件事情滿懷期待並為之禱告。

　　第一，如果你是一個基督徒，我禱告求神藉這本小書所講述的榮耀真理，使你的心因耶穌基督為你所成就的一切而充滿喜樂和頌讚。虛弱的福音只能帶來虛弱的敬拜。虛弱的福音使我們的目光從神落到自己身上，並且使神在基督裏為我們所成就的一切變得廉價。但是基於聖經的福音如敬拜爐中的燃料，你越明白、相信和倚靠福音，你越會因神所是，以及祂在基督裏為我們所做的而愛慕祂。保羅曾如此感歎：「深哉！神豐富的智慧和知識。」（羅11:33）而這正是因為他的心被福音所充滿。

第二，我期待讀這本書能讓你和別人談論耶穌的好消息時更有信心。許多基督徒因為害怕無法回答朋友、家人、熟人提出的全部問題，以致在分享福音方面非常遲疑躊躇。事實是無論你是誰，你永遠都不可能回答出所有的問題！但是你可以回答其中的一些問題，而我期待這本書能幫助你回答出更多的問題。

第三，我禱告求神使你看到福音對教會生活的重要性，從而使你努力地將福音在教會生活的各個層面傳講、歌唱、祈求、教導、宣揚、聆聽……保羅說，神百般的智慧正是藉著教會在全世界傳揚開來。這是如何實現的呢？就是通過傳福音，將神永恆的救贖計畫顯明給「世人」。（弗3:7-12）

第四，我期待這本書幫你在你的頭腦中和內心裏為福音建立界限。福音是清楚明瞭的信息，以尖銳且能甦醒人心的真理，插入這個世界的觀念和次序中。然而可悲的是，在基督徒當中，甚至是在福音派的基督徒當中，總是有試圖模糊某些界限，以便使福音更容易被世界接受的傾向。因此我禱告，這本書能夠用於持守這些界限、防止對福音核心真理的侵蝕，即使那些真理常常令這個世界「難以下咽」。我們每個人都會受到試探，以成為人見人愛的見證人為藉口，竭盡所能地以吸引人的方式來呈現福音。這在某些方面是好的，畢竟福音是個「好消息」，但是我們也決不能回避福音中尖銳的部分。我們必須持守整全的福音，我希望這本書能對此有所幫助。

最後，如果你不是一個基督徒，那我禱告求神用本書使你對耶穌基督的好消息有深入的思考。這就是我們基督徒以整個生命為押注的消息，我們也相信你需要對這個消息做出回應。如果世界上真有什麼東西不容你忽視，那就是神所說的：「好消息！這是使你在我的審判中蒙拯救的好消息！」這也是需要人用心傾聽的宣告。

複習與討論

本章回顧：福音有許多不同定義。因為一些定義比另一些更好，我們必須帶著分辨來認識。對於福音持有一個清晰且符合聖經的理解會讓基督徒心生讚美和喜樂；讓他們在談論信仰時更有信心；也能讓他們更加確信他們的教會所維護及持守的聖經真理。同樣地，正確地明白福音能促使非基督徒在了解並知情的狀況下思考和回應。

鑰節：《以弗所書》3 章 7 至 12 節

1. 用你自己的話解釋基督教所說的福音好消息是什麼？

2. 在 8 至 10 頁作者列舉出了一些對「福音」的定義。你能認出哪幾種是你遇到過的？對你來說，哪些解釋很清楚，哪些好像不夠清楚？

3. 持守福音的界限如何影響我們的日常生活、我們的見證以及我們的信心？為什麼清晰明白地闡釋福音至關重要？（10 至 12 頁）

4. 你是否在與別人交談時試圖模糊福音的界限？請說明是怎樣的情況？

5. 如果你還不是一名基督徒，對作者在導論結尾部分的論述有什麼看法？「如果世界上真有什麼東西不容你忽視，那就是神所說的，『好消息！這是使你在我的審判中蒙拯救的好消息！』」（13 頁）

第一章

在聖經裏找福音

你知道GPS導航系統在美國城鎮引起混亂了嗎？對小城鎮而言尤其如此。對生活在大城市的人們來說，這個小裝置是救命工具。安裝上GPS，輸入地址，然後就可以出發了。不會再錯過出口，不會再拐錯彎。只有你，你的車，你的GPS，然後「叮，您已經到達目的地」。

最近我剛買了人生第一個GPS，主要是為了應對華盛頓特區錯綜複雜的道路系統。不過我用GPS後第一次栽跟斗卻不是在華盛頓，而是在我的家鄉德克薩斯州的林登市（Linden），一個鄉下僻壤的彈丸之地。

我發現我的GPS在華盛頓縱橫交錯、迂迴曲折的街道導航時毫無問題。奇怪的是在林登遇到了麻煩。GPS確定存在的路，卻不存在；GPS堅持可以拐彎的地方，卻沒法拐；GPS認定目的地所在的地方，結果還要沿街再開上幾百米，或者根本不存在。

很顯然GPS系統對小城鎮的忽視已逐漸成為問題。ABC新聞頻道有這樣一則報導：原本該跑在高速路上的車，因為GPS系統的引導跑到了社區裏的馬路，把社區道路變成了商業大

道。還有其他的問題。加利福尼亞州一個倒楣的傢伙明明確定他是按照GPS系統的指示，右轉拐到一條鄉村公路上，結果發現自己卡在了一條火車軌道上，眼前一列火車正開著頭燈向他駛近！雖然這位小伙子逃過一劫，但是他租來的車，還有車上惹禍的GPS卻沒有落個好下場。

美國汽車協會的一位代表對此表示了相當的同情。「很顯然GPS不應該讓他右拐跑到鐵軌上，」他說，「但是一台機器讓你去做可能有危險的事，並不表示你就應該聽它的。」確實如此！

那麼問題出在哪裏？GPS生產商說問題不在GPS身上。GPS做的正是它應該做的事情。其實問題出在導航系統下載的地圖上。特別是對於小城鎮，人們發現GPS系統應用的地圖通常已經過時幾年甚至幾十年了。有些地圖只是城鎮發展中的規劃圖，結果如何？規劃圖上的某個建築實際上是在另一個地方，本來要修建的路實際上沒有修建，或者最後修的不是公路而是鐵路。

GPS就像我們的人生，重要的是從可靠的來源得到信息！

什麼是我們的權威？

當我們回答「什麼是福音」這個問題時，道理是一樣的。從一開始，我們就要決定使用什麼信息來源來回答這個問題。

對福音派來說，答案通常再簡單不過：我們在聖經裏找答案。

　　這話沒錯，但是我們需要知道，並不是每個人都完全贊同這一回答。不同的「基督教」傳統就這一問題的權威有很多不同的回答。例如，一些傳統認為我們對福音的理解應該不只是、甚至首先不是建立在聖經話語的基礎上，而是應該建立在基督教傳統的基礎上。他們爭論說，如果教會相信某些事時間夠久，那我們就應該認同其真實性。還有些傳統認為，我們是透過理性思辨來認識真理的。自下而上來建構我們的知識體系──例如由A等於B，進而等於C，最後導出D──會讓我們真實地了解我們自己、世界和神。還有傳統認為，我們應該在自身經驗中尋找福音的真義，認為與我們的心靈最有共鳴的認識就是我們對自己和神的真實認識。

　　但是如果花些時間考慮一下，你會意識到，這三個可能的權威來源最終無法提供真正的權威。傳統最終讓我們倚靠的不過是人的想法。那麼理性思辨呢？任何一位哲學新手都會告訴你，理性思辨只會讓我們在懷疑主義中搖擺不定（例如，試著證明你不是另一個人想像中的存在，或者證明你五種感官的真實可靠）。個人經驗則讓我們倚靠自己變幻無常的心來決定什麼是真的，大部分誠實的人都認為這一觀點只會讓人心神不寧。

　　那麼我們怎麼辦？我們去哪兒獲得真理，耶穌基督的好消息究竟是什麼？作為基督徒，我們相信神已經透過祂的話，即聖經，向我們說話。而且我們相信，神在聖經裏所說的是絕

對無誤、真實可信的，因此不會帶我們走向懷疑論、絕望或是不確定，而是走向信心。「聖經都是神所默示的，」保羅說，「於教訓……是有益的。」（提後3:16）在《詩篇》18章30節，大衛王寫道：

> 至於神，他的道是完全的；耶和華的話是煉淨的。

因此，要知道神告訴我們的耶穌和福音的信息，我們就要到聖經裏去找。

在聖經哪裏找？

我們去聖經的哪裏找福音呢？我想我們可以採用幾種不同的方法。一種方法是查看所有在新約裏出現的「福音」一詞，嘗試總結作者們在使用此詞時有何意思。相信在一些地方，作者們會認真地定義此詞。

使用這種方法可以獲得重要信息，但是也有不利之處。一個弊端是通常在新約裏，某個作者顯然是想概述基督教的好消息，然而卻根本沒用「福音」這個詞。以《使徒行傳》第2章彼得在五旬節的講道為例。這裏是一篇基督福音的宣講，然而彼得從未提到「福音」一詞。另一個例子是使徒約翰，在其所有的新約著作中，他只用了一次「福音」這個詞

（啟14:6）。

眼下，為了定義基督教福音的主要內容，我建議不使用字詞研究的方法，而是查看早期基督徒就耶穌及其生平、受死和復活的意義作何談論。如果看聖經中使徒們的著作和講道，我們就會發現，他們時而簡略解釋自己從耶穌那裏學到的好消息，時而詳細解釋。或許我們也能辨析出一些共同的問題、某個相同的真理框架，而使徒們和早期基督徒就是圍繞這個框架宣講耶穌的好消息。

《羅馬書》1至4章裏的福音信息

尋找福音的基本解釋，最佳經文之一是保羅寫給羅馬人的書信。《羅馬書》細緻、逐步地表達了保羅所理解的好消息，可能比聖經的其他書卷都要清楚。

事實上《羅馬書》這卷書談不上是一本書，至少不是我們通常所理解的書。《羅馬書》是一封信件，保羅以此向一群素未謀面的基督徒介紹他自己和他的信息。這也是此書信讓人感到細緻和逐步展開的原因。保羅想要這些基督徒了解他、了解他的事工，特別是他的信息。保羅想讓他們知道，他所傳講的好消息就是他們所相信的好消息。

「我不以福音為恥，」保羅提筆道，「這福音本是神的大能，要救一切相信的。」（羅1:16）從這裏，特別是前面四

章，保羅極其詳細地解釋耶穌的好消息。在看這四章時，我們會發現，保羅是圍繞一些至關重要的真理，來呈現他的福音架構。這些真理在使徒們傳講的福音中多次出現過。讓我們看一看保羅在《羅馬書》1至4章裏的思路。

首先，保羅告訴讀者，他們伏在神的審判之下。在《羅馬書》第1章1至7節的介紹性話語之後，保羅開始呈現福音，宣告「神的忿怒從天上顯明」（羅1:18）。從一開始，保羅就堅持人類不是自治的。我們未曾創造自己，既不是倚賴自己，也不是自己審判自己。神創造了世界和其中的一切，包括我們。因為神創造了我們，所以祂有權要求我們敬拜祂。保羅在第21節說：「因為，他們雖然知道神，卻不當作神榮耀他，也不感謝他。他們的思念變為虛妄，無知的心就昏暗了。」

因此保羅控訴人類：人不榮耀神，也不感謝神，是有罪的。作為神所創造和擁有的人，我們應當獻給神祂配得的尊貴和榮耀，在我們的生活、言行、心思意念中，承認祂對我們的權柄。我們是祂所造的，為祂所有，倚賴於祂，因此也伏在祂的審判之下。這是保羅在解釋基督教的好消息時竭力闡述的第一點。

第二，保羅告訴讀者，他們的問題在於反叛神。他們以及所有人都沒有按照本當做的榮耀神、感謝神。他們無知的心昏暗了，「將不能朽壞之神的榮耀變為偶像，彷彿必朽壞的人和飛禽、走獸、昆蟲的樣式」（羅1:23）。這難道不是一

幅反叛的畫面嗎？人類思量他們的造物主，然後認為青蛙、鳥，甚至人的木像或金像更為榮耀，更讓人滿意，更有價值，這是對神最大的羞辱及背叛。這是罪的根源和本質，其結局恐怖至極。

在接下來三章的大部分內容裏，保羅反複強調這一點，控告人類都是得罪神的罪人。第1章中保羅的焦點是針對外邦人，在第2章保羅同樣強烈地針對猶太人。保羅知道最自以為義的猶太人會讚賞他斥責外邦人，所以在第2章1節，保羅筆鋒一轉，將控告指向鼓掌的人：「因此你也無可推諉。」保羅說，和外邦人一樣，猶太人也違背了神的律法，也伏在神的審判之下。

在第三章中間部分，保羅指出世上每個人都犯了悖逆神的罪。「因我們已經證明：猶太人和希臘人都在罪惡之下。」（羅3:9）保羅令人警醒地總結說，當我們站在審判者神面前，所有人的口都要被塞住。沒有人能為自己辯護。沒有任何理由可陳述。全世界，包括猶太人和外邦人，我們每個人都要完全伏在神的審判之下（羅3:19）。

嚴格地說，目前這兩點根本不是好消息。事實上是極其糟糕的壞消息。神聖潔公正，祂造了我，我卻背叛了祂，這不是一件讓人高興的事。但這個很重要，因為它為好消息鋪了路。只要想一想便明白，有人對你說：「我來是要拯救你！」並不真是一個好消息，除非你真的認為自己需要被拯救。

　　第三，保羅説，神以耶穌基督的獻祭犧牲和復活來解決人類的罪。在公義的神面前，我們罪人面臨困境。在擺出這一壞消息後，保羅此刻轉向好消息，耶穌基督的好消息。

　　「但是現在，」保羅説，儘管我們是有罪的，「如今，神的義在律法以外已經顯明出來。」（羅3:21）換句話説，人類還有一條路，可以在神面前被算為義，而不是不義；被宣告無罪，而不是有罪；被稱義，而不是被定罪。而這與更好的行為、更加公義的生活毫無關係。這是「在律法以外」的。

　　那這是如何發生的？保羅在《羅馬書》第3章24節中簡言直述。儘管我們悖逆神，面臨無望的境地，但我們可以「蒙神的恩典，因基督耶穌的救贖，就白白地稱義」。藉著基督代贖犧牲的死和復活，因著祂的寶血和生命，原本因罪該受懲罰的罪人可以蒙拯救。

　　不過，保羅還回答了一個問題。這個好消息如何成為我的好消息？我如何得到這個應許的救恩？

　　最後，保羅告訴讀者他們如何得到救恩。這是他在第3章結尾到第4章開頭所寫的內容。神所預備的救恩是「因信耶穌基督」，「加給一切相信的人」（羅3:22）。那麼，救恩如何成為我的，而非只是別人的好消息呢？我是如何被接納到救恩中的？藉著信耶穌基督。藉著信靠是祂拯救我，而非別人。「惟有不做工的，只信稱罪人為義的神，」保羅解釋説，「他的信就算為義。」（羅4:5）

四個關鍵問題

看了保羅在《羅馬書》第1到4章的論述後，我們可以看到，保羅宣告的福音有核心內容，這核心內容回答了四個關鍵問題：

- 誰創造了我們？我們在誰的審判之下？
- 我們出了什麼問題？換言之，我們有麻煩了？為什麼？
- 神如何解決這個問題？為要救我們脫離這個問題，祂做了什麼？
- 此時此地，我自己如何被接納到救恩中？是什麼使這個好消息不只是別人的好消息，也是我的？

我們可以這樣概述這四個要點：神、人、基督和回應。

當然對於蒙基督救贖的人，保羅接著展開神賜下的其他應許，並且很多應許可以說是基督教的好消息，是耶穌基督福音的一部分。關鍵是從一開始我們就要明白，所有這些美好的應許都是依賴福音、源於福音的，即基督教好消息的核心及源頭。這些應許唯獨賜給那些因信被釘十字架又復活的基督而罪得赦免的人。這就是保羅為何在宣講福音的時候，從這四個關鍵真理開始。

新約其他部分的福音信息

不只是保羅提到這四個關鍵真理。在閱讀新約中使徒們的著作時，我看到他們一次又一次回答的正是這四個問題。無論還有什麼別的內容，他們福音呈現的中心似乎就是這四個問題。處境不同，角度不同，詞語不同，方法不同，然而無論如何，早期基督徒總是以某種方式涉及這四件事情：我們伏在創造我們的神的審判之下。我們犯罪得罪了神並將被審判。但是神藉著耶穌基督拯救我們，我們因認罪悔改、信靠耶穌而得救恩。

神、人、基督、回應。

讓我們看看新約其他概述耶穌的福音的篇章。以保羅在《哥林多前書》第15章1至5節的名言為例：

> 弟兄們，我如今把先前所傳給你們的福音告訴你們知道；這福音你們也領受了，又靠著站立得住；並且你們若不是徒然相信，能以持守我所傳給你們的，就必因這福音得救。我當日所領受又傳給你們的：第一，就是基督照聖經所說，為我們的罪死了，而且埋葬了；又照聖經所說，第三天復活了，並且顯給磯法看，然後顯給十二使徒看。

　　你看到這裏的中心結構了嗎？保羅在此不像在《羅馬書》第1到4章那樣詳細闡述，但是主要輪廓清晰可見。人類身陷囹圄，陷入「我們的罪」中，需要「得救」（雖未明確指出，卻顯而易見是需要從神的審判之下被拯救）。但是救恩出自「基督為我們的罪死了……埋葬了……復活了」。要獲得救恩，就要通過「持守我所傳給你們的」，要藉由真實的相信，而不是徒然相信。所以就是：神、人、基督、回應。

　　甚至在《使徒行傳》所記載的講道中，福音的這一中心框架也呈現得非常清楚。彼得在五旬節向人傳講耶穌的死和復活，讓人對此作出回應。他說：「你們各人要悔改，奉耶穌基督的名受洗，叫你們的罪得赦。」（徒2:38）我們再一次看到，彼得的呼籲不是很詳細，也沒有明確指出神的審判，但四個核心真理一樣不少：你需要神赦免你的罪，而不是因你的罪而審判你。解決之道：耶穌基督的受死和復活，這是彼得在其講道中已經詳細講論的。需要的回應：悔改和相信，並以受洗來表明。

　　彼得的另一篇講道，《使徒行傳》第3章18至19節中，又有這四個關鍵真理：

　　　但神曾藉眾先知的口，預言基督將要受害，就這樣應驗了。所以，你們當悔改歸正，使你們的罪得以塗抹。這樣，那安舒的日子就必從主面前來到。

問題：你的罪需要被塗抹，而不是受神審判。解決方法：基督受害。回應：藉著信心悔改並轉向神。

再看看彼得對哥尼流及其全家傳講福音：

> 他在猶太人之地，並耶路撒冷所行的一切事，有我們作見證。他們竟把他掛在木頭上殺了。第三日，神叫他復活……眾先知也為他作見證說：「凡信他的人必因他的名得蒙赦罪。」（徒10:39-43）

得蒙赦罪，是因那位被釘十字架並且復活的基督之名，救恩是為信祂的人所預備的。

保羅在《使徒行傳》第13章傳講同樣的福音：

> 所以弟兄們，你們當知道，赦罪之道是由這位耶穌傳給你們的。在你們靠摩西律法不能稱義的一切事上，信靠他的人就得稱義了。（徒13:38-39，新譯本）

又一次，清楚可見的框架是：神、人、基督和回應。你需要神賜你「赦罪之道」。因著耶穌，為「信靠他的人」而成就。

以多種方式闡釋核心真理

這個「神－人－基督－回應」的結構顯然不是用來照搬的萬能公式。使徒們在宣講福音時，並不需要講完每一點就在這個清單上打個勾。考慮處境、講道時間的長短和聽眾的身分，他們解釋這四點時會有所側重。有時其中一點或幾點不是明確地講，而是暗含在講道之中，特別是我們伏於神的審判之下，以及我們需要從神而來的赦免這個事實。不過話說回來，使徒們最經常的傳道對象是猶太人，他們非常了解這個事實，這一事實已經深植於猶太人的頭腦中。

另一方面，保羅在亞略巴古與一群異教的哲學辯士談論時，他從創世講起，從神講起。保羅在《使徒行傳》17章的講道常被引用，作為向異教文化傳講好消息的例子，但是這篇講道很有趣、有不凡之處。仔細閱讀，你會發現保羅根本不是在傳講基督的好消息，而是在傳講壞消息。

「我來告訴你們這位你們不認識卻為之設了個壇的神。」保羅實際上是這樣開始的。然後在第24至28節，保羅向他們解釋有一位神，這位神創造了世界，叫我們敬拜祂。基於此，保羅在第29節轉而解釋罪的概念，以及罪的根源是敬拜受造之物而不敬拜神，保羅宣告神要「藉著他所設立的人」審判祂的聽眾，神已叫祂所設立的人從死裏復活了（徒17:31）。

然後保羅不講了！仔細看看。沒有提到赦罪，沒有提到

十字架，也沒有赦罪的應許，只是宣告了神的命令，並傳揚了復活的信息，作為將來審判的憑據！保羅甚至沒有提到耶穌的名字！

究竟是怎麼回事？保羅在此沒有傳講福音嗎？沒有講，那時沒有。在保羅這次的公開講道中，沒有福音信息，沒有好消息。保羅傳講的都是壞消息。但是看第32至34節，聖經說有人想再聽保羅所講的，並且其中幾個人最後信了主。顯然保羅是在後來傳講了好消息，告訴人們，罪人可以從將要來的審判下被拯救，可能是公開傳講的，也可能是私下裏。

和其他使徒一樣，保羅完全能夠以多種方式傳達福音的核心真理。但重要的是要明白，事實上福音在當時含有幾個核心真理，而從保留給我們的講道和書信中，我們清楚地知道這些核心真理曾經是什麼，現在亦然。在《羅馬書》、《哥林多前書》，在《使徒行傳》的講道中，以及在整本新約聖經中，早期基督徒圍繞著幾個關鍵的真理來作為他們傳講福音的構架。

首先是壞消息：神是你的審判官，你得罪了祂。然後是福音：但是耶穌已經受死，所以罪人若悔改、信耶穌，他們的罪就會被赦免。

複習與討論

本章回顧：我們想要對基督教所說的好消息有一個可靠的總結，並不是藉由基督教的傳統或者我們自己的經驗，也不是出於理性和思辨。我們是靠上帝啟示出的話語認識福音，神的話啟示我們四件關於我們自己的事：

第一，神作為創造主和君王統治我們。

第二，我們犯罪得罪神，因此我們是有罪的。

第三，出路不是藉著我們自己的努力，而是藉著基督的犧牲。

第四，我們必須在信心裏回應。

鑰節：《詩篇》18 篇 30 節；《使徒行傳》2 章 14 至 41 節；《羅馬書》1 章 16 節，3 章 10 至 20 節；《哥林多前書》15 章 1 至 5 節；《提摩太後書》3 章 16 至 17 節

1. 如果想要為福音下定義，你會去哪尋找答案？比起傳統、人的理性或人的經驗，為什麼聖經是忠實定義福音的可靠資源？（16 至 18 頁）

2. 你能想到哪一節經文或哪一個聖經故事可以最清晰地作為福音定義（也就是基督教的核心信息）。你為什麼選它？

3. 因為神是創造主，一切受造物都依賴於祂；所有受造物（包括人在內）都理應榮耀、讚美祂。是否有這樣的時刻或情況，你忽視了神對你生命應有的主權，沒有獻給神祂配得的尊貴和榮耀？請舉例說明。（20 頁）

4. 我們需要福音帶來的好消息，因為這個世界也有一個關於生命的壞消息。再讀《羅馬書》3 章 10 至 20 節。這個壞消息是什麼？你是否在自己或他人的生命中看到這樣的問題上演？（21 頁）

5. 閱讀《羅馬書》3 章 21 節。為什麼保羅的轉折──「但是現在」──如此重要也如此令人驚喜？基督做了什麼來挽救這個無法救贖的狀況？（22 頁）

6. 現在讀《羅馬書》3 章 21 至 31 節。保羅在這 11 節經文裏重複了 8 次「信」。為什麼這如此重要？（22 頁）

7. 作者用四個詞概括了福音：「神、人、基督、回應。」（23 至 26 頁）。你是否可以用這四個詞在一分鐘以內闡釋福音。（27 至 28 頁）

第二章

神，公義的創造主

讓我把你介紹給「神」（注意這裏是打引號的「神」）。

進門之前，你可能要降低一下音量。這位神現在可能正在睡覺。他老了，不太了解、也不太喜歡這個「光怪陸離」的現代世界。他的黃金時代早在我們大部分人出生以前就已逝去，那時候人們真聽他的話、讓他說了算，他也常談起那些日子。那時人們在意他對事情的看法，認為他對自己的生活很重要。

然而現在一切都變了。這位可憐的「神」一直都沒有調整好自己。人們的生活在繼續前行，把他晾在一邊。現在大部分時間「神」都在後院花園裏閒逛。有時我去那裏看看他，我們一起漫步，徜徉在玫瑰花叢中，低聲細語。

無論如何，好像很多人仍然喜歡他，至少他成功地維持著很高的支持率。你會驚訝，很多人甚至偶爾來訪詢問事情。他當然不介意，他隨時都可以幫忙。

謝天謝地，在他的古書中你有時讀到的乖戾性情，譬如讓地裂開口吞沒人、從天降火燒毀城市這樣的事，似乎在他年

老時很少了。現在他只是一位脾氣溫和、容易打發的朋友，他變得很好說話，尤其是幾乎不嚴厲回話，即使回話，也是藉著某些怪現象告訴我。無論我想做什麼，他都沒意見。這真是那種最棒的朋友，是吧？

不過你知道他最棒在哪裏嗎？他不審判我，從不審判，對任何事都不審判。當然，我知道他內心希望我可以更好，例如更有愛，少些自私，諸如此類，不過他很現實。他知道我是人，而世上並無完人，我也充分相信祂不介意這點。再說，赦免人是他的工作，他就是幹這個的。畢竟他是愛，對吧？我認為愛是「從不審判，只有赦免」。這就是我所認識的「神」。我不想讓他是別的樣子。

稍等片刻……好了，我們現在可以進去啦。別擔心，我們不用待太久。只要有人來，他就很感激了。

關於神的設想

好吧，這個小片段有點荒謬。不過我認為，這個對神的觀點和很多人，甚至一些自稱是基督徒的人對神的看法有相似之處。大多時候，神和藹可親、睡眼惺忪，是一個需要人卻非常愛人的祖父，他只有期望，沒有要求。你要是沒時間，不管他都可以，他也非常明白人類會犯錯這個事實。事實上，他比我們任何人都了解人。

　　過去在西方，即使那些聲稱自己不是基督徒的人也基本了解聖經關於神及其性情的教導。人們對神的認識熟悉得就像呼吸空氣一樣。因此在向人傳福音時，就像使徒們知道猶太人對神的認識一樣，你可以猜測到人們對神的看法。

　　現在的情況在全世界大部分地方已經不一樣了。我在德州東部的一個小鎮長大。大多時候，給人講福音不過是再重複一次他們已經聽了千萬遍的消息。但是，在我去康乃狄克州的紐黑文讀大學時，世界完全不同了。忽然我身邊都是沒有聽說過神的人，這就讓我有必要從創世開始講神。我記得第一次有人在我提到神時說：「你在開玩笑吧，你真信那一套？」然後他大笑起來。

　　接下來幾年，這個場景上演了很多次，最後我學會了只說一句：「嗯，是的。」但是我也很快明白，不能假設人們對神已經有認識。如果現在我要講耶穌基督的福音，我就必須從頭開始講，從神自己開始講。

　　當然你可以，並且真的應該用一生來尋求神向我們啟示的祂自己，但你不必為了忠實地呈現福音而道盡你對神的所有認識。不過，為了搞懂基督教的好消息所言何事，有一些關於神的基本真理是人必須了解的。就把這當作好消息吧，因為接下來會有壞消息，再之後才是那大好的消息！

　　從一開始，我們必須說清楚兩個主要方面：神是創造主；祂是聖潔公義的。

神是創造主

基督教信仰的開頭，應該說基督教聖經的開頭，是「神創造天地」。一切起源於此。你若理解錯了這點，那就如箭脫離已經嚴重瞄偏的弓，接下來的一切也都是錯誤的。

《創世記》這卷書開篇講述神創造世界：神創造山川河谷、鳥獸蟲魚，神造了每一樣。神也創造了宇宙中其他的東西：月亮星宿、天體星系。這一切都是因祂發出的話而有的，一切都是從無到有。神的創造不是拿起某樣已經存在的材料，像揉泥土一樣把它模塑成我們眼見的東西。不是這樣的。《創世記》告訴我們，神說有，就有了。神說：「要有光」，接著就有了光。

很多聖經篇章告訴我們，創造如何見證了神的榮耀和大能。「諸天述說神的榮耀，」《詩篇》第19章1節說，「穹蒼傳揚他的手段。」保羅在《羅馬書》第1章20節中說：「自從造天地以來，神的永能和神性是明明可知的，雖是眼不能見，但藉著所造之物就可以曉得。」你若曾駐足於峽谷的邊緣，看腳下群鳥俯衝，觀頭上雲卷雲舒；你若曾駐足田野，望著天際翻滾而來的風暴，若感到一絲恐慌掠過你身，你便知道這是什麼意思。創造的雄偉恢弘向人心宣告：「人不是唯一的被造。」

《創世記》中的創造每天都在變得更廣闊和更重要，在範圍上和重要性上都在拓展。首先創造的是光，然後是海，再是

地，接著是月亮和太陽，然後是鳥、魚和動物，最後是神創造
之工的頂峰——男人和女人。

> 神說：「我們要照著我們的形像、按著我們
> 的樣式造人，使他們管理海裏的魚、空中的鳥、地
> 上的牲畜，和全地，並地上所爬的一切昆蟲。」神
> 就照著自己的形像造人，乃是照著他的形像造男造
> 女。（創1:26-27）

對於神的創造，無論你還有什麼想法，這一宣告都含義非
凡。它宣告神創造了世界，特別是神創造了你。世界本身不是
終極的，而是來源於一位他者的思想、話語和手筆。尤其在今
天，這是一個革命性的觀念。與大量佔據人類思想的虛無主義
相反，這一觀念意味著宇宙萬物皆有其目的，包括人類。我們
並不是隨機選擇和基因突變、基因重組、染色體變異的結果。
我們是被創造的。我們所有人都是神自己的想法、計劃和行動
的結果。而這賦予人類生命的意義和責任（創1:26-28）。

我們沒有人是自治的，明白這一事實是明白福音的關
鍵。儘管我們常常談論權利和自由，我們卻並不真如我們所想
的那樣自由。我們是被創造的，是被神造出來的，因此我們屬
於這位造物主。

因為神造了我們，祂有權告訴我們該如何生活。在伊甸園

裏，神告訴亞當和夏娃哪些樹的果子他們可以吃，哪些不可以
吃（創2:16-17）。這並不是神像小孩一樣玩權利遊戲，對祂
的小弟頤指氣使、隨意施令，只是為了瞧瞧會發生什麼。不是
的，聖經告訴我們神是良善的。祂知道什麼對祂的子民是最好
的，祂也賜給他們律法來保守和堅固他們的幸福和安康。

若要明白基督教的好消息，對這一點的認識是絕對必要
的。福音是神對罪這個壞消息的回應，而罪是人拒絕神作為創
造主對他的主權。所以，神創造了我們，因此擁有我們，這是
人類存在的根本性真理，是其他一切的源頭。

神是聖潔公義的

若要你僅用幾個詞描述神的性情，你會怎麼說？祂是慈
愛、良善的？祂是憐憫人、原諒人的？都對。摩西求神向自己
顯現神的榮耀、宣告神的名時，神是這麼說的：

> 耶和華，耶和華，是有憐憫有恩典的神，不輕
> 易發怒，並有豐盛的慈愛和誠實，為千萬人存留慈
> 愛，赦免罪孽、過犯，和罪惡。（出34:6-7）

何等奇異！神告訴我們祂的名字，向我們彰顯祂的榮
耀，是向我們顯示祂的內心，祂說什麼？祂說祂是有慈愛、有

憐憫的神，不輕易發怒並有豐盛的慈愛。

但這段話裏還有別的內容不常常被提及，也是讓人不太舒服的。在神說了祂是有憐憫、有慈愛的神之後，你知道祂馬上又對摩西說了什麼嗎？

> 萬不以有罪的為無罪。（出 34:7）

再看一下，因為這句話推翻了現今人們對神的絕大部分認識。慈愛和憐憫的神不以有罪的為無罪。

對神的一個普遍看法就是，祂很像一個沒有道德標準的清潔工。不是真正地解決世界的骯髒、罪惡和邪惡，而是把一切污穢掃到毯子下面，假裝看不見，也期望不被人發現。事實上，很多人難以理解神會做出其他的舉動。「神審判罪？」他們說，「因我的罪懲罰我？祂當然不會這麼做。這麼做可不慈愛。」

稍後我們會在《出埃及記》第34章6至7節中，看到一個難以理解的矛盾如何藉著耶穌在十字架上的死得到解決。就是一位「赦免罪孽、過犯和罪惡」的神，如何卻「萬不以有罪的為無罪」。但是在講到那裏之前，我們必須明白，神的愛並不抵消祂的公正和公義，儘管人們認為恰恰相反。

聖經一次又一次地宣告，我們的神是全然公正、完全公義的神。《詩篇》第11章7節說：

> 因為耶和華是公義的，他喜愛公義。

《詩篇》第33章5節宣稱：「他喜愛仁義公平。」還有兩篇詩篇甚至宣告：「公義和公平是你寶座的根基。」（詩89:14，97:2）你明白這些經文在說什麼嗎？神掌管宇宙，祂對被造物擁有王權，這是建立在祂永不改變、永遠長存、完全的公義和公平之上的。

所以認為神是一位沒有道德標準的清潔工無法讓人滿意。這一想法把神說成了不公平、不公義的神。這個想法使神成為一個只是掩蓋罪，甚至在罪面前躲藏自己的「神」，而不是面對罪、消滅罪的神。這個想法讓神成了凡人、懦夫。

不過誰想要這樣一位神呢？有些人堅持神永遠不會審判他們，而當這些人面對確鑿無疑的邪惡時，他們的反應很有趣。面對真正讓人驚恐的邪惡時，這些人才會想要一位公正的神，而且是馬上就要。他們想要神無視他們自己的罪，卻要神審判恐怖分子的罪。「原諒我，」他們說，「不過你絕不應該原諒他！」你瞧，人都想要一個對付邪惡的神，但是他們只是想要一個對付別人的邪惡的神。

然而聖經告訴我們，因為神是全然公正、公義的，所以神會毅然決然地對付一切的邪惡。《哈巴谷書》第1章13節說：

你眼目清潔，

不看邪僻，不看奸惡……

神若容忍罪惡，那祂就是離棄祂寶座的根基，也是否認祂自己的本性，而神是不會這麼做的。

認為神是慈愛的、憐憫人的，對大多數人而言完全沒問題。我們基督徒在勸世人相信神愛他們這件事上做得不錯。但是，如果我們要明白耶穌基督的福音是何等的榮耀，能賜人何等的生命，那我們得明白這位慈愛、憐憫的神也是聖潔、公義的神，而且神心意已定，對罪絕不無視、絕不忽略、絕不姑息。

這包括我們自己的罪，於是把我們帶到了壞消息的面前。

複習與討論

本章回顧：神是一切的創造者。但聖經告訴我們的遠不止於此：祂是一位公義聖潔的創造者，祂不輕忽罪。雖然對犯罪的人來說這聽起來是個壞消息——某個層面上來說，的確如此——但神定意要解決罪的問題也是一個好消息，因為這證明了祂的可信，展現了祂的聖潔。

鑰節：《創世記》1 章；《出埃及記》34 章 6 至 7 節；《詩篇》19 章；《哈巴谷書》1 章 3 節

1. 當你想到神的時候，你會想起哪些形容詞？（32 至 33 頁）

2. 神是萬物的創造主這一宣告蘊含哪些含義？（34 至 35 頁）

3. 作者寫道，「神創造了我們，因此擁有我們，這是人類存在的根本性真理，是其他一切的源頭。」（36 頁）作者有誇大其實嗎？如果沒有，為什麼這樣的真理裏充滿了好消息？

4. 《出埃及記》34 章 6 至 7 節清楚地教導我們，神不會放任罪咎而不懲罰。這與你所認識的那位被描述成充滿愛和憐憫的神的形象相符嗎？（37 頁）

5. 神是聖潔且公義的。祂同時也是滿有慈愛和憐憫的。這些神的特質並沒有相互矛盾。但這是怎麼一回事？祂是如何回應罪的？祂與罪人的關係是怎樣的？

6. 為什麼把神描述成「一位沒有道德標準的清潔工」無法令人滿意？（37 頁）

7. 如果神萬不以有罪的為無罪（出 34:6-7），意思就是祂不會忽視我們犯的罪。作者將此描述成「壞消息」（39 頁），這一點我們下一章裏會談到。但在此之前，你是怎麼看待這一真理的？請反思，這讓你感受如何？

第三章

有罪的人

前兩天我剛付了一張違規停車的罰單。這很簡單。我看了罰款原因，翻過罰單，在寫有「接受處罰」的方框裏打了勾，向交通管理局支付了三十五美元的支票，黏上信封，然後丟進了郵箱。

換句話說，我是一個處於刑罰之下的罪犯。

然而由於某種原因，儘管勾了「接受處罰」那個方框，我卻沒有很重的罪惡感。我不會因與法律背道而馳而夜不能寐。我也不覺得需要請求任何人的原諒。現在想起此事，我甚至覺得有點辛酸，因為這次罰單比上次的多了十美元。

為什麼我違法了卻不覺得糟糕呢？直截了當地說，我想這是因為違反停車規則對我來說沒有那麼重要，或是沒有那麼十惡不赦。下次我會確保往停車收費機裏多投幾毛錢的，但是我並不會因這事而良心不安。

幾年來我注意到一件事，就是大部分人傾向於認為罪，特別是他們自己的罪，不過是和違規停車一樣。「當然了，」我們想，「嚴格來說，罪是違背了高高在上的神所賜下的律法，

所有的罪都是，但是祂一定知道世上還有比我更惡的罪人。再說，我又沒有傷害別人，也願意付罰款。不需要在這點小事上深刻反省吧，有這麼嚴重嗎？」

如果你是以這樣冷淡的方式來看待罪的話，我的看法和你相反。根據聖經，與只是違反某條冷酷無情、霸道專制的天上的交通規則相比，罪嚴重得多。罪是一種關係的破裂。更甚的是，罪是對神的拒絕，拒絕神的統治、神的看顧、神的權柄，以及拒絕神對祂賜予生命之人的權利。簡而言之，罪是受造物對其創造主的反叛。

出了什麼差錯

神造了人類，祂的心意是要人活在祂公義的治理之下，滿有喜樂，敬拜祂，順服祂，從而活在與神的相交中。正如我們在上一章中看到的，神照著自己的形像造了男人和女人，是要他們像神，和神有關係，向全地宣揚神的榮耀。此外，神賜給人工作。人要做神的代理者，在神之下管理神的世界。「要生養眾多，」神對他們說，「遍滿地面，治理這地，也要管理海裏的魚、空中的鳥，和地上各樣行動的活物。」（創1:28）

然而，男人和女人對受造物的管理並不是終極的。他們的權柄不是自己的，是神賦予他們的。因此，即使亞當和夏娃對全地施行掌管，他們也應當記住，他們是服從於神，在神的管

理之下的。神創造了他們，因此神有權命令他們。

　　神在伊甸園中央放置的分別善惡樹是對神權柄的鮮明提醒（創3:17）。亞當和夏娃看著這棵樹，看到樹上的果子時，會想起他們的權柄是有限的，想起他們是被造的，想起就連他們的生命也依賴於神。他們只是管家，而神是王。

　　因此，亞當和夏娃吃果子不只是違反了某個霸道的命令：「不可吃那果子」。他們的所作所為更讓人痛心、更加嚴重。他們是在拒絕神對他們的權柄，是在宣告獨立於神。正如蛇答應他們的，亞當和夏娃想要「和神一樣」，因此他們抓住了他們認為的機會，不再做代理人，而是自己戴上王冠。整個宇宙，只有一樣神沒有放在亞當的腳下，就是神自己。然而亞當不滿意這個安排，所以反叛了。

　　最糟糕的是，亞當和夏娃違背神的命令，是有意決定拒絕神作他們的王。他們知道違背神會有什麼後果。神已經明確地告訴他們，如果他們吃那果子，他們「必定死」。這首先意味著他們會從神的面前被驅逐，成為神的敵人，而不再是神的朋友和祂喜樂的子民（創2:17）。但是他們不在乎。亞當和夏娃為了追求自己的享樂和自己的榮耀，不惜棄絕神的喜悅。

　　聖經把違反神的命令稱為「罪」，無論是言語、思想和行為上的。「罪」的字面意思是「未中目標」，不過聖經中「罪」的意思更深刻。不是亞當和夏娃非常努力地遵守神的命令，卻以毫厘之差偏離了靶心。不，事實是他們朝著反方向射

擊。他們的目標和慾望與神對他們的心意完全相反，因此他們犯罪了。他們故意違背神的命令，破壞與神的關係，拒絕神作他們合法的主。

亞當和夏娃犯罪給他們自己、他們的後裔及其他受造物帶來了災難性的後果。他們自己被逐出美麗的伊甸園，地也不再甘心樂意、歡歡喜喜地給他們奉上奇珍異果。他們要辛勤勞累地工作才得以糊口。更慘的是，神在他們身上執行了應許的死刑。當然他們的肉體沒有立即死去。他們的身體還繼續活著，肺在呼吸，心臟在跳，四肢在動，但是他們最重要的屬靈生命立即終止了。他們與神的相交中斷了，因此他們的心顫慄，頭腦裏裝滿了自私的想法。他們的眼睛昏暗，看不到神的榮美。他們的靈魂枯乾，起初神賜予他們的屬靈生命不復存在。原本一切的美好不復存在。

不只他們，還有我們

聖經告訴我們，不只是亞當和夏娃犯了罪，我們都犯了罪。保羅在《羅馬書》第3章23節說：「世人都犯了罪，虧缺了神的榮耀。」在之前的段落中，保羅說：「沒有義人，一個也沒有。」（羅3:10）

耶穌基督的福音裏充滿了絆腳的石頭，這是其中最大的一塊。對那些固執地認為自己是不錯的、自足的人來說，人

類根本上是有罪的、悖逆的，這一說法不僅難以置信，簡直讓人厭惡。

這就是明白罪的本質及其深刻為何至關重要。在涉及福音時，如果我們認為罪另有所指，或者不認識罪的實質，我們就會嚴重的誤解耶穌基督的好消息。讓我給你幾個基督徒經常誤解罪的例子。

誤解 1：把罪與罪的後果混淆

最近流行的傳福音方式，是說耶穌來拯救人脫離與生俱來的罪惡感，或是脫離渾渾噩噩和空虛迷茫。這些當然是切實的問題，很多人對這些深有感觸。但是聖經教導說，人類的根本問題，我們需要被救贖的不是生活的渾渾噩噩和支離破碎，甚至不是讓人衰弱的罪惡感。這些只不過是症狀，背後更深刻、更嚴峻的問題是我們的罪。我們必須明白：我們處在自己一手造成的困境中：違背了神的話、無視祂的命令、犯罪得罪了祂。

若說我們是從渾渾噩噩、空虛迷茫的景況中被拯救，而不追究這些景況的罪的根源，人可能容易把藥吞下去，卻不是對症之藥。這樣只會讓人繼續認為自己是受害者，而不真正解決問題：他自己是個罪犯，不公不義，該受刑罰。

誤解 2：認為罪不過是關係的破裂

關係是聖經中一個重要的範疇。人類被造是要活在與神的

相交中。然而，我們必須記住的是，人要活在這個關係中，而這個關係是不尋常的，雙方不是對等的，不是沒有律法、審判和懲罰的，而是國王和子民的關係。

很多基督徒說起罪，就像罪只是神和人關係中的一次口角，我們需要做的就是道歉並接受神的原諒。然而把罪描繪成愛人間的爭吵扭曲了我們與神的關係。實際上，我們要以此關係立足於神面前。這種描繪傳達的是，律法沒有遭到破壞，公正沒有被違背，沒有公義的忿怒，沒有神聖的審判。因此，最終也不需要承擔審判的替代者。

聖經的教導是，罪破壞了人與神的關係。不過，關係的破裂在於人拒絕神作尊貴的國王。這不只是不忠，也是悖逆。不只是背叛，也是叛變。我們若把罪僅僅看成關係的破裂，而不認為罪是蒙愛的子民對其良善、公義的國王的背棄和叛變，我們就不會明白為什麼我們需要神的兒子為我們死來解決罪。

誤解 3：把罪與消極思想混淆

另一種對罪的誤解是說罪只是思想消極的問題。在本書導論部分，我們在一些引述中看到了這種誤解。扔掉你的舊皮袋吧！要敢於夢想！只要你丟掉那些讓你停滯不前的消極思維模式，神就要向你彰顯祂難以置信的愛！

對於那些倚賴自己，以為靠自己完全可以解決自身的罪的人來說，這是激動人心的信息。這也大概是為何傳揚這種信息

的人成功地建立了世界上幾個最大的教會。這種方法真的太簡單了。只要告訴人們，他們的罪只不過是思想消極，這讓他們得不到健康、財富和幸福。然後告訴人們，只要他們更積極地看待自己（當然，在神的幫助下），他們就會擺脫罪，而且變得富有。瞧！瞬間出現一家巨型教會。

有時承諾給人們金錢，有時是健康，有時又完全是另一樣東西。但是不管如何鼓吹，說耶穌基督的死是為了要救我們脫離自我消極的思想是不合聖經的，是應當被譴責的。事實上聖經的教導是，我們的問題很大一部分在於我們的自高自大，而非妄自菲薄。稍作停留，思考一下。蛇是如何引誘亞當和夏娃的？蛇告訴他們，他們對自我的看法太消極了。蛇告訴他們，對自己的看法要更積極一些，要走上更大的舞臺，要發揮他們全部的潛能，要像神一樣！總而言之，蛇告訴他們要敢於夢想。

然而他們的結局怎麼樣呢？

誤解 4：把罪與各種罪行混淆

明白自己犯下各種罪行和知道自己犯了罪，兩者之間有著天壤之別。大部分人很容易承認他們犯了很多罪行，只要他們認為這些罪行是指不相干的小錯誤，否則生活就太美好了，比如時不時收到的違規停車罰單，不然駕駛記錄就太乾淨了。

罪行不會讓我們太驚訝。我們知道罪行無處不在，每天我

們在自己和他人身上都能看到，大家也很習以為常。讓我們驚愕不已的，是神讓我們看到我們內心的深處有罪性。這罪性是我們從不知道、存在於我們裏面的、深深沉積的骯髒和污穢，而我們靠自己永遠不能清除這罪性。這就是聖經對罪的深刻描述。我們不只是外頭犯下罪行，更是有內在的罪性，我們就是罪人！

在位於華盛頓的國家自然歷史博物館的二樓，有個據說是全世界體積最大、毫無瑕疵的石英球。這個石英球比籃球稍大一點，而在整個球體上，沒有一點肉眼可見的劃痕、斑點和變色。整個石英球是完美的。人們常常認為人類的本質就像那個石英球。我們有時把它弄髒了，沾染了灰塵泥土，但是在污垢下面，我們的本性仍純樸依舊，要做的就是把它擦乾淨，讓它重現光彩。

但是，聖經描繪的人類本性卻不是這麼好。根據聖經，人類的本性毫不純樸，而污泥也不只是玷污了表面。相反，我們都被罪穿透了。瑕疵、污泥、贓物和污穢直達我們裏面。正如保羅所說，我們「本為可怒之子」（弗2:3）。亞當的罪與污穢也在我們身上（羅5）。耶穌也如此教導：「因為從心裏發出來的，有惡念、兇殺、姦淫、苟合、偷盜、妄證、謗讟。」（太15:19）你所說的有罪的話語，所做的有罪的舉動並不是毫不相干的小事。這些都出於你心裏的邪惡。

我們人類的每個方面都被罪污染了，伏在罪的權勢之

下。我們的認知、我們的個性、我們的感覺和情感，甚至我們的意志都受罪的奴役。所以保羅在《羅馬書》第8章7節說：「原來體貼肉體的，就是與神為仇；因為不服神的律法，也是不能服。」這句話真是讓人心驚膽戰！罪對我們的轄制遍及我們的思想、認知和意志，以至於我們看到神的榮耀和良善，就必然厭惡並且遠離。

說耶穌來為要拯救我們脫離罪行，如果我們的意思是說祂來拯救我們脫離所犯的毫不相干的錯誤，那麼這樣的說法是不完全的。只有認識到我們的本性實在是有罪的，的確「死在過犯罪惡中」（弗2:1、5），就像保羅所說的，我們才知道得救之道是多麼好的消息。

神對罪主動的審判

《羅馬書》第3章19節是整本聖經裏最讓人膽戰心驚的語句之一。這句話之前是保羅對全人類的控訴，首先是外邦人，然後是猶太人：人都在罪惡之下，在神面前毫無公義。作為這一問題的重大結論，保羅是這麼說的：「好塞住各人的口，叫普世的人都伏在神審判之下。」

你能想像這真正的意思嗎？站在神面前而沒有任何解釋、任何請求、任何藉口、任何理由？而「伏在神審判之下」又是什麼意思？正如我們在上一章看到的，聖經清楚地說，神

是公義、聖潔的，因此不會姑息罪。但是神要對付罪、審判罪和懲罰罪，是什麼意思？

《羅馬書》第6章23節說「罪的工價乃是死」。換言之，我們為罪付上的代價是死。不只是肉體的死。這是靈性的死，我們有罪的、邪惡的自我被迫與公義、聖潔的神隔絕。在《以賽亞書》59章2節，先知以賽亞如此描述：

> 但你們的罪孽使你們與神隔絕；
> 你們的罪惡使他掩面不聽你們。

有時人們談起這點時，好像這是神被動的、默然的缺席。遠不是這樣。這是神對罪主動的審判，聖經說審判將是讓人極為驚恐的。且看《啟示錄》這卷書如何描述末日神公正、良善的審判景象。七位天使將「把神的大怒倒在地上」，而且「地上的萬族都要因他哀哭」（啟16:1，1:7）。他們要向山和岩石喊叫說：「倒在我們身上吧！把我們藏起來，躲避坐寶座者的面目和羔羊的忿怒；因為他們忿怒的大日到了，誰能站得住呢？」（啟6:16-17）他們要看見耶穌，萬王之王，萬主之主，而他們要懼怕，因為他「要踹全能神烈怒的酒醡」（啟19:15）。

聖經教導說，那些不悔改、不相信的罪人，他們最終的結局是在那被稱為「地獄」的地方，那裏的痛苦是永遠的、

可感知的。《啟示錄》描述地獄是「硫磺火湖」，耶穌說那裏有「不滅的火」（啟20:10；可9:44）。

聖經對地獄的這些描述，也警告我們要遠離地獄，所以我不明白為什麼一些基督徒一定要把地獄講得不那麼可怕。《啟示錄》說到耶穌要踹全能神烈怒的酒醡，耶穌自己也警告說「不滅的火⋯⋯在那裏，蟲是不死的，火是不滅的」（可9:44、48），我的疑惑是，為何有的基督徒喜歡讓地獄聽起來沒那麼可怕？讓人們認為地獄可能沒那麼可怕，這怎麼能安慰罪人呢？

我們沒有胡編亂造

聖經談論神審判罪的場景真是讓人心驚膽戰。怪不得世人讀了聖經對地獄的描述後，說基督徒相信這些是「有病」。

但這樣說有失偏頗。不是我們自己編造了這些，我們基督徒了解、相信和談論地獄不是因為我們喜歡地獄。不是這樣的。我們談論地獄的根本原因是我們相信聖經。聖經說地獄是真實的，我們相信聖經；聖經說我們所愛的人面臨永遠落入地獄的危險，我們相信，並為此傷心落淚。

這是聖經對我們振聾發聵的判決。我們沒有一個人是義的，一個也沒有。因此，有一天所有人的口都要被塞住，所有人的舌頭都要被止住，全世界都要伏在神的審判之下。

但是⋯⋯

複習與討論

本章回顧：犯罪的意思不僅僅是「未中靶心」。犯罪，就是悖逆神——這位創造我們的君王、破壞了與神的關係。因為神是良善且公義的，祂會讓我們對自己的罪負責。這是一個很壞的消息。

鑰節：《創世記》3 章；《以賽亞書》59 章 2 節；《羅馬書》3 章 10 節、19 節、23 節，5 章 12 至 21 節；《以弗所書》2 章 1 至 5 節；《啟示錄》6 章 16 至 17 節

1. 罪是什麼？（42 頁）

2. 亞當和夏娃犯罪帶來哪些後果？（43 至 44 頁）

3.「人類根本上來說是有罪的、悖逆的」這一說法與你對別人的認識相符嗎（44 頁）？為什麼是或不是？你自己心裏是

怎麼想的？

4. 為什麼弱化罪的教義會減弱我們對耶穌基督十架之功的感恩？（44 頁）

5. 根據世界的看法，人類的根本問題是什麼？根據聖經，人類的根本問題又是什麼？（45 頁）

6. 有罪咎感和「有罪」有什麼區別？（47 至 49 頁）

7. 你會如何試圖讓地獄聽起來沒有那麼可怕？（49 至 50 頁）

第四章

救主耶穌基督

我認為「但是」是人能夠說出的最有力量的詞。這個詞雖然簡單，卻有能力將前面所說的一切一掃而光。跟在我們剛剛提到的壞消息後面，這個詞能讓我們眼前一亮，重燃希望。這個詞比人口能說的任何一個詞都有改變一切的能力。例如：

> 飛機墜落了，但是沒有人受傷。
>
> 你患了癌症，但是很容易治好。
>
> 你兒子遇到了車禍，但是他毫髮無傷。

悲哀的是，有時候沒有「但是」。有時話講完了，只有壞消息。然而這樣的時刻讓事情在有轉機的時候更加令人振奮，並且美好無比。

感謝神，人的犯罪和神的審判這個壞消息不是故事的結局。如果聖經的結尾如保羅的宣告，全世界都要緘默不言，站在神的審判座前，那我們將毫無希望、只有絕望。但是感謝神，還沒完！

你是一個罪人，注定要被定罪。但是神已經採取行動拯救你這樣的罪人。

盼望之語

馬可這樣開始對耶穌生平的敘述：「神的兒子，耶穌基督福音的起頭。」馬可和早期基督徒從一開始就知道，對這個被罪破壞、死在罪腳下的世界來說，耶穌基督的到來是神的好消息。緊跟在罪的黑暗破壞之後，耶穌的到來是祂穿透一切、震耳欲聾的宣告：現在一切都已經改變了！

甚至在伊甸園，神就已經給了亞當和夏娃盼望的話語，給了他們在絕望中的好消息。筆墨不多，只是一個暗示，是在神對蛇宣判末尾添加的一句話。

> 女人的後裔要傷你的頭；你要傷他的腳跟。
>
> （創 3:15）

但此話意義非凡。神想讓亞當和夏娃知道，他們雖然是叛徒，但是事情還沒有結束。在這個大災難中有福音，有好消息。

聖經接下來講述這粒微小的好消息種子如何發芽生長。數千年來，神透過律法和先知，讓全世界等待，等待祂藉著耶穌

基督的降生、受死和復活,對蛇令人震驚的致命一擊。當一切
結束時,亞當連累整個人類族群的罪將被擊敗,神對其創造物
宣布的死亡將廢去,地獄也會屈膝投降。聖經是神反擊罪的故
事。聖經恢宏地敘述了神曾經、以及現在如何解決罪,並且將
來有一天如何徹底、永遠地解決罪。

完全的神,完全的人

　　所有的福音書作者在開始敘述耶穌的生平時,都講到耶
穌不是普通人。馬太和路加講述了天使臨到一個名叫馬利亞
的年輕童貞女,並告訴馬利亞她將懷孕生子。馬利亞對這個
消息深表疑惑,問道:「我沒有出嫁,怎麼有這事呢?」天使
回答說:「聖靈要臨到你身上,至高者的能力要蔭庇你,因此
所要生的聖者必稱為神的兒子。」(路1:34-35)約翰以一個
更加讓人震驚的宣告開始:「太初(這個詞直接將人引回《創
世記》1章1節)有道,道與神同在,道就是神。⋯⋯道成了肉
身,住在我們中間。」(約1:1、14)

　　所有這一切:耶穌由童貞女所生、「神的兒子」這一頭
銜、約翰宣告「道就是神」以及「道成了肉身」,都意在教導
我們耶穌是誰。

　　簡單地說,聖經告訴我們耶穌既是完全的人,又是完全
的神。這是瞭解耶穌至關重要的一點,因為只有這位是完全的

人、完全的神的聖子才能拯救我們。如果耶穌只是一個人,在各方面和我們一樣,甚至和我們一樣墮落犯罪,那祂就不能拯救我們,就像一個死人不能拯救另一個死人。但是因為祂是神的兒子,是無罪的,神聖完全,與父神同等,所以祂能夠戰勝死亡,拯救我們脫離罪惡。同樣重要的是,耶穌真是我們中的一位,亦即祂是完全的人,所以祂可以在祂的父面前代表我們。正如《希伯來書》第4章15節所解釋的,耶穌能「體恤我們的軟弱」,因為祂「曾凡事受過試探,與我們一樣,只是他沒有犯罪」。

彌賽亞君王來了!

耶穌開始傳道時,祂傳講的信息是奇妙的:「日期滿了,神的國近了。你們要悔改,信福音!」

這個人告訴人們,神的國已經來了,消息迅速傳遍全地,興奮的人們很快聚集在耶穌周圍,要聽祂傳講這個「好消息」。這個消息為什麼讓人如此興奮呢?

幾個世紀以來,藉著律法和先知,神曾預言將有一個時刻,祂將一勞永逸地終結世上的邪惡,拯救祂的子民脫離罪惡。祂要除去一切抵擋的,在全地建立祂的統治、祂的「國度」。神甚至曾經應許要在一位彌賽亞君王身上建立祂的國度,這人是偉大的君王大衛的後裔。在《撒母耳記下》7章11

節,神應許大衛說,他的一個後裔將在寶座上掌權到永遠。先知以賽亞在《以賽亞書》9章6至7節這樣論到這個君王之子:

> 他名稱為「奇妙策士、全能的神、永在的父、
> 和平的君」。
> 他的政權與平安必加增無窮。
> 他必在大衛的寶座上治理他的國,
> 以公平公義使國堅定穩固,
> 從今直到永遠。

因此你可以想像,當耶穌開始宣告天國已經來到時,人們對此何等興奮。因為人們長久等候的大衛的後裔、彌賽亞終於來了!

福音書的作者們認為這位出自大衛後裔的君王不是別人,正是耶穌。路加記錄了天使對馬利亞宣告耶穌降生的話:

> 他要為大,稱為至高者的兒子,主神要把他祖
> 大衛的位給他。他要作雅各家的王,直到永遠;他
> 的國也沒有窮盡。 (路1:32-33)

馬太的福音書以家譜開始,直接將耶穌的家譜追溯到大衛,接著一直到亞伯拉罕。有趣的是,馬太將家譜排列分成三

個十四代。而十四，正如任何有常識的猶太人應該知道的，是「大衛」這個名字的三個希伯來字母D-V-D代表的數值加起來的總和。正如其他的基督徒一樣，馬太在耶穌故事的開始，實際上在高呼：「君王！君王！君王！」

出乎意料的好消息，如果你能接受的話

新約接著講述君王耶穌如何在地上開啟神的統治，並開始擊退罪的咒詛。然而，耶穌所開啟的國度一點也不是猶太人所期盼、想要的樣子。他們想要一位彌賽亞來推翻並取代當時的統治大國羅馬帝國，想要一個建立地上的、政治王國的彌賽亞。然而這位耶穌毫不關心地上的王位，反而傳道、教導、醫治病人、赦免罪、使死人復活，並且確定地告訴羅馬官員「我的國不屬這世界」（約18:36）。

這不是說祂的國永遠與這個世界無關。不久之前，耶穌已經告訴大祭司「你們必看見人子坐在那權能者的右邊，駕著天上的雲降臨」（可14:62）。在《啟示錄》第21章我們讀到，耶穌統治新天新地，就是被祂的大能完全改變，從罪的束縛下被釋放的新天新地。

只要你能接受，到目前為止這一切無可置疑都是好消息。然後回到我們的罪的問題。除非發生什麼事，除去我們不順服神、悖逆神的罪，否則我們仍與神隔絕，新天新地中的喜

樂與我們無關，地獄永久的懲罰為我們存留。

　　然而基督教的福音之所以是真正的好消息就在於此。你看，君王耶穌來不僅開啟神的國，也將罪人帶進神的國。耶穌替罪人為他們的罪死，自己擔當他們的刑罰，讓他們罪得赦免，在神眼裏被稱為義，而有資格同得神國的基業（西1:12）。

受苦的君王？

　　「看哪，神的羔羊，除去世人罪孽的！」施洗約翰是身穿駱駝毛、吃蝗蟲的先知，他看到耶穌朝他而來時，如此說道（約1:29）。此話怎講？神的羔羊？除去世人的罪孽？

　　每個一世紀的猶太人聽約翰說「除罪的神羔羊」就立刻知道是什麼意思。這是指猶太人的逾越節，紀念大約一千五百年前，神以神蹟拯救以色列人離開埃及為奴之地。

　　作為對埃及人的懲罰，神降下十災，然而每次法老都硬著心，拒絕讓以色列人離開。最後一個災難是最為恐怖的。神告訴以色列人，在一個指定的夜裏，滅命的天使將掠過埃及地，殺死全國每個頭生的兒子和牲畜。以色列人也逃不掉這一可怕的懲罰，除非他們小心遵守神的指示。神告訴他們，每戶家庭都要取一隻毫無瑕疵、沒有殘疾的羊羔，宰殺了，然後用一把牛膝草將羔羊的血塗抹在房屋的門框上。神應許他們說，當滅

命的天使看到這血時，會「越過」他們的房屋，不降下死亡的懲罰。

　　逾越節的宴席，特別是逾越節的羔羊，成為一個有力的記號，指出一個人因罪要承受的死亡刑罰可以由另一個人的死來代替。這個「代贖」的概念事實上是整個舊約獻祭制度的根基。每年的贖罪日，大祭司進到聖殿最裏面，就是至聖所，宰殺一隻無殘疾的動物，作以色列人的罪要付的代價。年年都是這樣，而一年又一年，羔羊的血不斷延緩了神對以色列民的懲罰。

　　花了很多時間，但耶穌的跟隨者最終認識到，耶穌的使命不只是開啟神的國度，也認識到開啟的方式是耶穌作為替代的祭物為祂的子民受死。他們意識到，耶穌不只是君王，祂也是受苦的君王。

　　耶穌自己從一開始就知道，祂的使命是為祂子民的罪而死。天使在祂出生時就宣告「他要將自己的百姓從罪惡裏救出來」（太 1:21），路加也告訴我們「耶穌被接上升的日子將到，他就定意向耶路撒冷去」（路 9:51）。在福音書中，耶穌好幾次預言祂的受死，而當彼得愚昧地阻止耶穌時，耶穌責備他說：「撒但，退我後邊去吧！你是絆我腳的。」（太 16:23）耶穌定意要去耶路撒冷，也就是邁向祂的死亡。

　　耶穌也明白祂受死的意義和目的。在《馬可福音》第 10 章 45 節，祂說：「因為人子來，並不是要受人的服事，乃是要服事人，並且要捨命，作多人的贖價。」在《馬太福音》第 26

章，與門徒吃最後的晚餐時，耶穌拿起一杯酒並宣布：「你們都喝這個；因為這是我立約的血，為多人流出來，使罪得赦。」（太26:27-28）祂在另一處說：「我為羊捨命」，「沒有人奪我的命去，是我自己捨的」（約10:15、18）。耶穌知道祂為何要死：出於對祂子民的愛，祂甘願犧牲。神的羔羊被宰殺，好叫祂的子民可以被赦免。

因聖靈的教導，早期基督徒也明白耶穌在十字架上所成就的。保羅如此描述：「基督既為我們受了咒詛，就贖出我們脫離律法的咒詛。」（加3:13-14）保羅在另一處解釋說：「神使那無罪的，替我們成為罪，好叫我們在他裏面成為神的義。」（林後5:21）彼得寫道：「因基督也曾一次為罪受苦，就是義的代替不義的，為要引我們到神面前。」（彼前3:18）並且，「他被掛在木頭上，親身擔當了我們的罪，使我們既然在罪上死，就得以在義上活。因他受的鞭傷，你們便得了醫治。」（彼前2:24）

這些基督徒在談論耶穌死亡的意義，你明白嗎？他們在說，耶穌死亡所承受的刑罰不是因為祂自己的罪。耶穌是完全無罪的，祂承受的是祂子民的罪的刑罰。當耶穌被掛在加略山的十字架上，祂承受了一切可怕的重擔，這重擔出於神子民的罪。他們一切的悖逆、一切的不順服、一切的罪都擔在祂的肩上了。神在伊甸園所宣告的咒詛，死亡的判決生效了！

這就是為何耶穌痛苦地喊道：「我的神！我的神！為什麼

離棄我？」（太27:46）父神本是聖潔公義，眼目清潔，不看邪僻的，此時神看著祂的兒子，祂百姓的罪都落在其肩上，厭惡地轉身，並將祂的忿怒傾倒在自己兒子身上。馬太寫道，耶穌掛在十字架上時，黑暗籠罩全地約三個小時之久。這是審判的黑暗，父神極重的忿怒落在耶穌身上，因為祂擔當了自己子民的罪，替他們受死。

以賽亞先知在此事發生前七個世紀就預言說：

> 他誠然擔當我們的憂患，
> 背負我們的痛苦；
> 我們卻以為他受責罰，
> 被神擊打苦待了。
> 哪知他為我們的過犯受害，
> 為我們的罪孽壓傷。
> 因他受的刑罰，我們得平安；
> 因他受的鞭傷，我們得醫治。（賽 53:4-5）

你明白耶穌受死的意義嗎？應該死的人是我，不是耶穌；我應該受懲罰，不是祂。但是耶穌代替了我，祂替我死了。

那是我的過犯，但祂卻受害；是我的罪孽，但祂受了刑罰；我的罪惡，但祂受痛苦。祂受的刑罰換來我的平安；祂被擊打讓我得到醫治。祂受憂患，我得喜樂。

因祂受死，我得生命。

福音的核心

可悲的是，這個「代贖」的教義可能是基督教福音信息裏最被世人恨惡的部分。人們想到耶穌為其他人的罪受罰就厭惡至極。不止一個作家稱此為「神聖的虐童」。然而，丟棄「代贖」就是挖走了福音的核心。沒錯，聖經中有很多基督受死所成就的事：榜樣、和好、得勝，先舉三個。但是這一切的背後是「代贖」，也是所有其他的描述都指向的事。你不能隨意略去，或是因為喜歡其他部分就貶低這點，否則你會在整本聖經裏到處碰壁。為何要獻祭？流血成就了什麼？神為什麼既能公義又能憐憫罪人呢？神赦免罪孽、過犯和罪惡，但又絕不滅絕罪人（出34:7）是什麼意思？一位公義聖潔的神如何能稱罪人為義（羅4:5）？

這些問題的答案都在加略山的十字架上，在耶穌為祂子民的代死上。公義聖潔的神藉著耶穌的死能夠稱罪人為義，慈愛與公義完美的調和。咒詛在公義中得以執行，我們在憐憫中得蒙拯救。

祂復活了

當然，所有這些真實美好的消息，都是因為被釘十字架的耶穌不被死亡拘禁。祂從墳墓裏復活了。當天使對婦人們說「為什麼在死人中找活人呢？他不在這裏，已經復活了」時（路24:5-6），門徒們因耶穌的死而有的一切疑惑瞬間消失了。

如果基督像其他「救主」、「老師」或者「先知」一樣，沒有復活，那祂的死和你我的死一樣，沒什麼意義。死亡的潮水會像淹沒其他人一樣淹沒基督，祂的每一個宣告都將沉沒，變得毫無意義，而人類仍然困在罪中，沒有盼望。但是當氣息再次進入耶穌的肺裏，當復活的生命激動祂榮耀的身體，耶穌曾經所有的宣告都被完全地證實了，毫無疑問，不可更改。

保羅在《羅馬書》8章33至34節，這樣稱頌耶穌的復活及其對信徒的意義：

> 誰能控告神所揀選的人呢？有神稱他們為義了。誰能定他們的罪呢？有基督耶穌已經死了，而且從死裏復活，現今在神的右邊，也替我們祈求。

多麼奇妙不可測度的話啊！人子耶穌現今在高天，滿有榮耀地坐在父神的右邊，作為宇宙的王掌管全地。不僅如此，在

我們等候他最終榮耀的再來時，他也正為他的子民代求。

但這一切又引出另一個問題：到底誰是「神的子民」？

複習與討論

本章回顧：很感恩，神審判罪人這一壞消息不是故事的結局。為什麼？因為耶穌基督帶來了好消息——他無罪的一生，以死代贖，並且榮耀復活。只有耶穌是能夠救贖我們的那一位，並且他也這樣做了。

鑰節：《創世記》3 章 15 節；《以賽亞書》53 章 4 至 5 節；《馬可福音》10 章 45 節；《約翰福音》1 章 29 節；《哥林多前書》15 章 14 節、17 節；《哥林多後書》5 章 21 節；《加拉太書》3 章 13 至 14 節；《希伯來書》4 章 15 節；《彼得前書》2 章 24 節，3 章 18 節

1.《創世記》3 章 15 節如何證明「聖經是神反擊罪的故事」？（57 頁）

2. 耶穌是完全的神也是完全的人為什麼是必要的？（57 頁）

3. 耶穌和人們所期待的彌賽亞在哪些方面不一樣？（58
至 59 頁）

4. 請解釋代受刑罰（penal substitution）這個聖經概念如
何與逾越節和耶穌自己有關聯。（61 至 64 頁）

5. 在十架上，聖父將對我們罪的憤怒傾倒在祂兒子的身
上。有人稱這是「神聖的虐童」。這樣的指控為何是錯誤的？（65
頁）

6. 為什麼好消息的結局必須是耶穌的復活？（66 頁）

第五章

回應：相信和悔改

我很早就開始教我兒子游泳了。這件事並不輕鬆。小傢伙當時才一歲左右，連在浴缸裏弄濕臉都不喜歡，更別說眼前如汪洋的游泳池了。一開始就是讓他在上層的臺階上撲騰兩下。要是他比較勇敢，就把他的嘴放在水裏，讓他吹幾個泡泡。

最後我說服他和我一起在淺水區走走。當然，他死死地摟住我的脖子。等熟悉這個之後，就該玩大一些了，讓他從泳池邊跳下來。為了盡到神賦予我做父親的責任，我把他從泳池裏抱出來，放在泳池邊上，對他說：「來吧，跳！」

那一刻，想必我一歲的兒子覺得我瘋了。他臉上的表情瞬息萬變，先是滿臉困惑，而後漸漸明白，又頑皮地拒絕，最後是全然蔑視。他皺著眉頭說：「不，我要找媽咪。」我忠心地履行著做父親的莊嚴責任，不放棄，追上他並施以小恩小惠最終說服他回到泳池。然後真理性的一刻來到了。

我再次跳到水裏，站在他面前展開雙臂，看著他穿著游泳紙尿褲上下竄動，一歲的小孩想跳卻不真跳時就是這樣。

「來啊，寶貝。」我說，「我就在這兒。我會接住你的，我保

證！」他半信半疑地看著我，又扭了一下身體，雙膝一屈，然後就跳進池子裏了。說他是跳進來的，不如說他是掉進來的。

我接住了他！

之後我們一發不可收拾。「再來，爹地！再來！」半個鐘頭的跳水，接住，抱起，再開始，跳水，接住，抱起，再開始。

結束時我和妻子擔心起來，擔心我們的兒子會對水過於自信。要是在沒人照看時，他跑到池子裏怎麼辦？他會不會因為記得自己總是安全地跳進水裏而認為自己已經可以搞定泳池了？他會不會自己再跳進去？

接下來的幾天，我們留心觀察他在泳池邊的動靜。觀察到的情況讓我們放心了，也讓我這個父親深受感動。小傢伙從來沒有想跳進水裏，除非我站在他下面，伸出雙手，向他保證我會接住他。這時候他才會飛身跳起！

看，儘管屢跳不爽，但是我兒子從來不認為自己能應付得了水。他相信他的父親，以及他父親向他做出的保證：「來吧兒子。跳！我保證會接住你。」

相信和悔改

馬可告訴我們，耶穌這樣開始祂的傳道：「日期滿了，神的國近了。你們當悔改，信福音！」（可1:15）神要求我們以悔改和相信來回應耶穌的好消息。

　　縱觀整本新約，這是使徒們對人們的呼召。耶穌呼召祂的聽眾悔改並相信這個好消息。在五旬節講道的結尾，彼得告訴人們「你們各人要悔改，奉耶穌的名受洗」（徒2:38）。（註：「奉耶穌的名受洗」是信耶穌的一種表達。）在《使徒行傳》第20章21節，保羅解釋了他的傳道：「　（我）又對猶太人和希臘人證明當向神悔改，信靠我主耶穌基督。」在26章18節他重述了耶穌如何親自差遣他：

> 要叫他們的眼睛得開，從黑暗中歸向光明，從撒但權下歸向神；又因信我，得蒙赦罪，和一切成聖的人同得基業。

　　相信和悔改標識出屬基督的人，或者說標識出「基督徒」。換言之，基督徒就是離棄自己的罪，信靠主耶穌基督的人，也唯獨依靠主耶穌基督救他脫離罪和將來審判的人。

信心就是信靠

　　「信心」這個詞長久以來被誤用，以致於大多數人不知其所云。隨便找人問其含義，可能會有還算客氣的回答，但人們主要認為信心就是：即使與證據相左，也相信荒謬的事情。

　　有一年，我和大兒子一起看「梅西百貨感恩節遊行」的電

視轉播。那次遊行的主題是「相信」。吸引人眼球的是懸掛在遊行看臺上的「信心測量儀」。每當新的彩車經過，或是樂隊演奏，或是穿著精靈服裝的演員跳舞時，「信心測量儀」的指針就會跳得更高。毫無疑問，遊行的高潮是聖誕老人駕著雪橇而來。他的雪橇造型酷炫，是一只華麗的天鵝，這時「信心測量儀」爆表了！音樂、舞蹈、彩色紙屑、尖叫的兒童，還有尖叫的大人們，一個外地遊客看到這些肯定會認為：沒錯，這就是弗吉尼亞，這些人真的相信這些。

蒙主保守，我六歲的兒子覺得整個遊行吵吵嚷嚷、滑稽可笑。

但這就是現在世人對信心的看法。認為信心是人進入虛幻狀態，是個想參加就參加的遊戲。這遊戲有趣又安慰人，但卻與現實世界脫節。孩子們相信聖誕老人和復活節兔子；神秘主義者相信魔法石和水晶球的力量；瘋狂的人相信精靈；而基督徒呢，他們相信耶穌。

不過讀一讀聖經，你會發現信心根本不是如此具有諷刺性，信心不是很多人認為的相信你無法證明的東西。按聖經而言，信心就是信靠。這一信靠穩如磐石，紮根於真理，建立在應許之上，相信復活的耶穌拯救你脫離罪。

保羅在《羅馬書》第4章18至21節論到亞伯拉罕時，告訴我們信心的本質。以下是他對亞伯拉罕信心的描述：

他在無可指望的時候，因信仍有指望，就得以作多國的父，正如先前所說：「你的後裔將要如此。」他將近百歲的時候，雖然想到自己的身體如同已死，撒拉的生育已經斷絕，他的信心還是不軟弱；並且仰望神的應許，總沒有因不信心裏起疑惑，反倒因信心裏得堅固，將榮耀歸給神。且滿心相信神所應許的必能做成。

儘管一切都與神的應許相左：亞伯拉罕上了年紀，他的妻子年紀大了已經不能生育，但是亞伯拉罕相信神的應許。他堅定地信靠神，仰望神成就那應許。當然亞伯拉罕的信心不是完美的，夏甲生以實瑪利說明亞伯拉罕起先想靠著自己的計謀來成就神的應許。但是亞伯拉罕為這罪悔改，最終信靠神。正如保羅所說，亞伯拉罕信靠神，「滿心相信神所應許的必能做成」。

耶穌基督的福音也呼召我們做同樣的事情，相信耶穌，倚靠祂，相信祂所應許的必能做成。

以信心獲取公義的判決

但是，我們究竟為什麼倚靠耶穌？簡而言之，倚靠耶穌使我們在神的審判面前被稱為義，而不是被定為有罪。

容我解釋。聖經教導，人最需要的是在神的眼裏被看為義人，而不是罪人。當審判來臨時，我們需要神對我們的判決是「義人」，而非「罪人」。這就是聖經裏的「稱義」，亦即神宣稱我們在神眼裏是義的，而不是有罪的。

那麼我們如何被稱為義呢？聖經直白地告訴我們，不是讓神察看我們自己的生活而稱義。不是的，只有傻瓜才會這樣做。如果神要算我們為義，就得有所依據，這依據不是我們有罪的記錄。神需要以別人的記錄為依據，一個代表我們的人。這就需要相信耶穌。當我們相信耶穌，我們就是讓祂代表我們站在神面前，信靠祂無罪的生命，信靠祂在十字架上為我們的罪而受死。換言之，我們相信神會將耶穌的記錄歸算給我們，因此稱我們為義（羅3:22）。

你可以這樣理解：當我們信靠耶穌拯救我們時，我們就與祂聯合，一個重大的交換發生了。我們一切的罪、悖逆和邪惡都歸給了耶穌，祂也因此而受死（彼前3:18）。同時，耶穌所活出的完全的生命歸給了我們，我們被稱為義。當神看我們，祂看到的不是我們的罪，而是耶穌的義。

這就是保羅在《羅馬書》第4章所寫的。保羅寫道，我們在自己的行為以外蒙神「算為義」，罪得「遮蓋」（羅4:5、7）。最重要的是，保羅令人震驚地說神「稱罪人為義」（羅4:5），就是此意。神稱我們為義，不是因為我們自己是義的。感謝神這是事實，因為我們沒有一個人能夠達到稱義的標

準。神稱我們為義，是因為我們藉著信心，披戴了基督公義的生命。神以全然的恩典拯救我們，不是因為我們做過的任何事情，而是單單因為耶穌為我們所做的。

藉著描述大祭司約書亞穿新衣服的美好景象，先知撒迦利亞也解釋了這點。撒迦利亞寫道：

> 天使又指給我看：大祭司約書亞站在耶和華的使者面前；撒但也站在約書亞的右邊，與他作對。耶和華向撒但說：「撒但哪，耶和華責備你！就是揀選耶路撒冷的耶和華責備你！這不是從火中抽出來的一根柴嗎？」約書亞穿著污穢的衣服站在使者面前。使者吩咐站在面前的說：「你們要脫去他污穢的衣服。」又對約書亞說：「我使你脫離罪孽，要給你穿上華美的衣服。」我說：「要將潔淨的冠冕戴在他頭上。」他們就把潔淨的冠冕戴在他頭上，給他穿上華美的衣服，耶和華的使者在旁邊站立。（亞3:1-5）

那些華美、潔淨的新衣不屬於約書亞，潔淨的冠冕也不屬於他。屬於約書亞自己的只有他站在神面前所穿的污穢衣服。撒但正要指著這些污穢衣服嘲笑他，指控他。約書亞在神面前享有的公義不是他自己的，而是另一位賜給他的。

我們基督徒也是這樣。我們在神面前的義不是我們自己的,而是耶穌賜給我們的。神曾經看祂的兒子,看到了我們的罪;神現在看我們,看到了耶穌的義。正如歌曲所唱:[①]

> 父神的公義得滿足,
> 仰望耶穌就得釋放。

唯獨信心

當你意識到,你的得救是多麼仰賴耶穌,就是祂為你的罪受死,為你得稱為義而捨命,你就會明白為何聖經如此堅持救恩唯獨從信耶穌而來。世上沒有其他道路,沒有其他救主,沒有其他任何事和人,我們可以倚靠得救,包括我們自己的努力。

人類歷史上的其他宗教都拒絕「單單因信稱義」這個理念。相反,其他宗教主張救恩是藉由道德努力、好行為獲得的。就是要自己的行善超過自己的行惡來平衡我們的功過。這麼想真的不意外,人就是本能地會認為甚至堅信,在我們的得救上,我們可以有所貢獻。

---

① 歌曲為《在神高天寶座前》(*Before the Throne of God Above*),由 Charitie L. Bancroft 於 1863 年創作。

　　我們都是傾向於倚靠自己的人。我們認為自己是自足的，並且憎惡我們被稱義是依靠別人的說法。想想，對你的工作或是你看重的東西，如果有人說：「那不是你賺來的，是別人給你，你才有的。」你會有何感受？但是我們在神面前得救正是這樣。救恩是神賜給我們的恩典，我們沒有絲毫貢獻。我們自己沒有義，也不能為自己的罪付上代價，當然也沒有任何可以平衡功過的好行為（加2:16）。

　　相信基督意味著你完全放棄其他在神面前被稱義的指望。你發現自己在依靠自己的好行為嗎？信心就是承認你的好行為極度匱乏，並單單信靠基督。你發現自己在依靠你自認為的良心嗎？信心就是明白你的內心全然敗壞，並單單信靠基督。換個說法，信心就像是從泳池邊跳下去，並且說：「耶穌，你要是不接著我，我就完了！我沒有別的指望，沒有別的救主。耶穌救我，不然我就死了！」

　　這就是信心。

悔改，硬幣的另一面

　　耶穌告訴祂的聽眾：「你們當悔改，信福音。」（可1:15）如果信心是轉向耶穌並倚靠祂得救恩，那悔改就是這枚硬幣的另一面。悔改是在我們憑信心轉向耶穌時，轉離罪，恨惡罪並靠著神的力量決心棄絕罪。因此彼得告訴旁觀的人

群：「所以，你們當悔改歸正，使你們的罪得以塗抹。」（徒3:19）保羅告訴眾人「他們應當悔改歸向神」（徒26:20）。

悔改對基督徒的生命而言不是可選擇的附加物。悔改對基督徒的生命至關重要。悔改界定了誰是被神拯救的人，誰是未被神拯救的人。

我認識很多人，他們會說：「嗯，我已接受耶穌作我的救主了，所以我是個基督徒。但是我還沒有準備好接受祂作我生命的主。我還有些事情要處理。」換句話說，他們聲稱自己相信耶穌並得救了，只是還沒有為罪悔改。

如果正確理解悔改，我們就會知道，人不可能只接受耶穌作救主，而不讓祂作自己生命的主。一方面，這種想法扭曲了聖經所說的悔改，及悔改與救恩的關連性。例如，耶穌警告說：「你們若不悔改，都要如此滅亡！」（路13:3）在聽到彼得講述哥尼流信主的事情時，門徒們讚美神，因神叫外邦人「悔改得生命」（徒11:18）。保羅在《哥林多後書》第7章10節中說「悔改以致得救」。

再者，就其核心而言，相信耶穌就是相信耶穌真是祂所說的那一位。祂是被釘十字架並復活的君王，祂已經戰勝死亡和罪，祂有拯救的大能。所以一個相信這一切，信靠這一切並倚靠這一切的人，怎麼可能又說「但是我不認為你是掌管我的君王」？這一點兒也說不通。相信基督本身就表示應當棄絕君王耶穌已經勝過的罪。沒有對罪的棄絕，就是對已經勝過罪惡的

耶穌沒有真信心。

正如耶穌在《馬太福音》第6章24節所言：「一個人不能事奉兩個主；不是惡這個、愛那個，就是重這個、輕那個。」相信君王耶穌就是棄絕祂的仇敵。

悔改，不是行為完全，而是立定心志

這並不意味著基督徒永不會犯罪。為罪悔改不是不再犯罪，當然不是一下子不再犯罪了，通常也不是在某些方面不再犯罪了。即使神給了我們屬靈的新生命，基督徒仍然是墮落的罪人，我們會繼續與罪爭戰，直到與耶穌同得榮耀（參見加5:17；約壹2:1）。但是，雖然悔改不意味著我們不再犯罪，但卻是我們不再與自己的罪和平相處了。我們反而會向罪宣戰，並靠著神的力量在生命中的各方面抵擋罪。

很多基督徒難以接受這樣的悔改，因為他們期待如果自己真心悔改，罪惡將離開他們，試探也會止息。而這些沒有發生時，他們就陷入絕望，懷疑自己是否真的相信耶穌。我們可以確定的是，當神重生我們時，祂給我們能力抵擋罪並勝過罪（林前10:13）。但是我們要一直與罪爭戰，直到得榮耀的時候，所以我們要記住，真正的悔改是內心對罪的態度問題，而不單單是行為改變的問題。我們是恨惡罪，與罪抗爭？還是迷戀罪，袒護罪？

有位作家美妙地闡述了這個真理：[2]

> 一位沒有歸主的人與一位歸主之人的差別，不在於一人犯罪，另一人不犯罪；而在於一個迷戀罪，與罪為伍，敵對神，另一個與神和好、與神為伍，恨惡罪。

你站在哪一邊？你的罪這邊，還是你的神這邊？

真正的改變，真正的果子

聖經說當一個人真正悔改和相信基督時，這個人會有屬靈的新生命。「你們死在過犯罪惡之中，」保羅說，「然而，神既有豐富的憐憫，因他愛我們的大愛，當我們死在過犯中的時候，便叫我們與基督一同活過來。」（弗2:1、4-5）當這發生時，我們的生命就改變了，不是瞬間的改變，不是飛速的，甚至可能不是穩定的改變。但是生命確實改變了。我們就開始結果子。

---

[2]　William Arnot, *Laws from Heaven for Life on Earth* (London: T. Nelson and Sons, 1884), 311.

　　聖經說基督徒要和耶穌一樣，生命有慈愛、憐憫和良善的標記。保羅說，真正的基督徒會「行事與悔改的心相稱」（徒26:20）。「凡樹木看果子，就可以認出它來。」耶穌說，「人不是從荊棘上摘無花果，也不是從蒺藜裏摘葡萄。」（路6:44）換言之，當人有了新的屬靈生命，他們就開始做耶穌做過的事情。他們開始像耶穌那樣生活，並且結出好果子。

　　有件事我們必須保持警醒，就是不要把所結的果子當成我們得救的依靠。當我們開始看到生命中的果子時，就會不知不覺要倚靠果子，而非信靠基督得救恩，這種危險常有。基督徒要抵擋這樣的試探，要意識到你所結的果子不過是因著神的恩典，在基督裏已經成為好樹而結的果子。倚靠自己的果子而得到神的喜愛，最終只會使你的信心從耶穌轉到自己身上。而這根本不是福音。

你會指向哪裏？

　　當你在審判日站在神面前時，你打算做什麼或者說什麼讓神算你為義，賜給你祂國度裏各樣的福氣？你會從口袋裏掏出什麼良善行為或聖潔態度來打動神？去教會參加聚會的出席情況嗎？家庭生活？毫無污穢的心思意念？沒有去做你看來十惡不赦的事？我想知道當你說「神啊，就因這個，稱我為義」時，你會在神面前拿出什麼？

我要告訴你，靠著神的恩典，每一位唯獨信靠基督的基督徒會怎麼做。他們會單單地、默默地指向耶穌。他們會請求：「神啊，不要在我的生命中尋找任何公義。看你的兒子。不是因為我做的任何事，或我是個怎樣的人，而是因為耶穌而算我為義。祂活出了我應該活出的生命，承受了我應當承受的死亡。我沒有別的指望，我的指望只在乎基督。神啊，因著耶穌，稱我為義。」

複習與討論

本章回顧：我們現在講到的都是歷史的事實，完全是神自己做成的。這些都是真的，無論人們是否承認，他們都真實發生了。但是，這些事實——這些神的工作——要求我們的回應，即對罪真誠地悔改並信耶穌和祂所成就的。

鑰節：《馬可福音》1 章 15 節；《使徒行傳》2 章 38 節，3 章 19 節，20 章 21 節，26 章 18 至 20 節；《加拉太書》2 章 16 節；《以弗所書》2 章 1 至 5 節；《約翰一書》2 章 1 節

1. 如果信心不僅僅是相信一些你無法證明的東西，那信心是什麼？（71 至 73 頁）

2. 我們依賴耶穌，具體說，是指依賴祂什麼？（73至75頁）

3. 當我們想真正明白救恩，一個很重要的基督教教義是與基督聯合；也就是耶穌所活出的，基督徒都因為恩典而得著。那麼信心和悔改如何使基督徒與基督聯合？（73至75頁）

4. 基督教所堅持的是「唯獨因信稱義」，請解釋它的特別之處在哪裏？（76頁）

5. 悔改和信心是彼此相連、相互依賴的，你不能任意捨棄其中一個。但如果我們是唯靠信心得救，為什麼悔改也是必要的？（77至78頁）

6. 為什麼不可能一面聲稱耶穌是救主，但又拒絕不將祂當作主？（77至78頁）

7. 悔改的意思並不是說基督徒會變得完美，不再犯罪。那麼，為罪悔改應該是什麼樣子呢？（見 78 至 80 頁）

8. 基督徒會結出屬靈的果子。但我們該如何抵擋將果子——比如好行為——當作是我們得救的依靠這種錯誤傾向。我們該如何繼續持守對基督的信靠？（80 至 81 頁）

9. 如果你正在閱讀本書，但你還不是基督徒，你為何還沒有將自己交託給耶穌並且相信祂？你是否仍舊覺得自己的理由足夠充分？

如果閱讀本書的你已經是基督徒了，持守信心和悔改的操練於你是否還和初信之時一樣有意義？

第六章

神的國

　　在我們教會停車場的入口有一塊銅匾，上面鐫刻著宣教士吉姆·艾略特的話語：「為了得到絕不會失喪的東西，而丟棄無法永遠持有之物，這樣的人絕不是愚昧的。」我很愛這句話，因為準確地表達了作為基督徒的代價和獎賞。

　　毋庸置疑，成為基督徒是有代價的（路14:28）。但同樣真實的是，成為基督徒的獎賞也妙不可言。罪得赦免、被接納作神的兒女、與耶穌有真實的關係、聖靈的恩賜、脫離罪的轄制而得自由、教會的團契生活、將來復活和榮耀的身體、與神的國有分、新天新地、永遠與神同在、得見神的面，所有這些都是神在基督裏給我們的應許。難怪保羅引用以賽亞的話：

> 神為愛他的人所預備的
>
> 是眼睛未曾看見，
>
> 耳朵未曾聽見，
>
> 人心也未曾想到的。（林前 2:9）

　　基督徒的生命不單單是確保你免去神的忿怒。遠非如此！這是與神有一個正確的關係，並最終永遠以神為樂。也就是得到我們不會失喪的東西，即成為神永恆國度的公民。

　　一個人從相信耶穌基督的那一刻開始，他生命中的一切就永遠改變了。我知道有時候並沒有這樣的感覺。沒有從天上飄下五彩紙屑，沒有號角聲，沒有歌唱的天使（至少我們沒能聽到），然而變化卻是真實的。一切都改變了。神已經「救了我們」，保羅說，「脫離黑暗的權勢，把我們遷到他愛子的國裏」（西1:13）。

何謂神的國？

　　神的國是新約裏的一個重要主題。耶穌自己一直傳講神的國：「你們當悔改，因為神的國近了。」《使徒行傳》第28章31節如此概述保羅的傳道：「放膽傳講神國的道，將主耶穌基督的事教導人，並沒有人禁止。」《希伯來書》的作者因信基督的人「得了不能震動的國」而歡喜雀躍。彼得鼓勵他的讀者記得自己已經豐豐富富地進入了「我們主救主耶穌基督永遠的國」（彼後1:11）。接著在《啟示錄》中，天軍齊聲讚美：「我神的救恩、能力、國度，並他基督的權柄，現在都來到了！」（啟12:10）

　　但究竟什麼是神的國？是神對其有特別權柄的領土、王國

嗎？是教會嗎？此時已經降臨了？還是我們要等候，將來會降臨？到底誰在神的國裏？神的統治不是包括每個人，無論他是否相信耶穌嗎？我們所有人不是都在這個國度裏嗎？不論我們是不是基督徒，我們所有人不能為建立這個國度而努力嗎？

讓我們看看聖經對神國的幾個教導，試著解明其中一些問題。

神救贖性的統治

首先，神的國是神對祂子民救贖性的統治。「國度」一詞本身帶有強烈的內涵。在這裏容易引起誤解。通常當我們想到國度時，我們想到一片特定的、疆界已經確定的土地。對我們大部分人而言，國度是一個地理名詞。但在聖經裏不是這樣的。按照聖經，最好將神的國理解為「王權」，而非我們通常說的「王國」。因此，神的國是指神的掌權、統治和權柄（詩145:11、13）。

不過，還有一個重要的詞需要加到我們的定義中。聖經說，神的國不只是神的掌權和統治，也是神救贖性的掌權和統治，是神對其子民施行慈愛的主權。

是的，宇宙中沒有一寸土地、沒有一個人是獨立於神的掌權或是在祂的權柄之外的。祂創造了萬物，治理萬物，祂也將審判萬物。但是當聖經使用「神的國」一詞時，通常是特指神對祂子民的統治，也就是那些藉著基督得蒙拯救的

人。因此保羅說基督徒已脫離黑暗的權勢，被遷到基督的國裏（西1:12-13），他也慎重地指出，不義的人不能承受神的國（林前6:9）。

簡而言之，神的國就是神對被耶穌救贖之人的救贖性掌權、統治和權柄。

已經降臨的國度

神的國已經降臨。耶穌開始祂在地上的事工時，祂傳講驚人的消息：「天國近了，你們應當悔改。」（太3:2）事實上可以將這話翻譯為「你們應當悔改，因為天國已經來了！」

我們知道，耶穌的這些話是怎樣驚人的宣告。幾個世紀以來，猶太人一直在等候、盼望、祈求神國的到來。祈求有一天神在地上建立祂的統治，使祂的子民得以伸冤。現在耶穌來了，這位拿撒勒木匠出身的老師告訴猶太人，他們一直等候的日子已經到了。

不僅如此，耶穌還宣告神的國已經在祂裏面開啟了。所以在《馬太福音》第12章28節，當法利賽人控告耶穌是以撒但的名義趕鬼時，耶穌斥責他們，並發出讓人震驚的宣告：「我若靠著神的靈趕鬼，這就是神的國臨到你們了。」你明白耶穌在說什麼嗎？很清楚，耶穌在趕鬼，祂是在靠著神的靈趕鬼。最後祂所宣告的是，神對祂子民所應許的救贖開始了。神的國已經降臨。

這是何等讓人敬畏的事情！耶穌的道成肉身遠不只是創造主對世界的一次友好訪問。這是神完全地、最終地反擊，反擊一切因亞當墮落而進入世界的罪、死亡和毀壞。

在新約耶穌的生平中，這場戰爭隨處可見。君王耶穌獨自去到曠野面對撒但，撒但在很久之前試探亞當並使世界陷入敗壞，但耶穌這次將其擊敗了。耶穌摸了生來瞎眼之人的眼睛，讓這人平生第一次看到了光。耶穌注視漆黑的、讓人悲傷的墳墓，說「拉撒路，出來！」當已死之人走出墳墓時，死亡對人類的掌控開始變弱。

當然最重要的是當耶穌在十字架上喊「成了！」時，罪惡被擊敗。當天使說（我確定是笑著說的）「為什麼在死人中找活人呢？他不在這裏，已經復活了」（路24:5-6），死亡的權勢最終一敗塗地。耶穌逐步逐個地改變墮落帶來的影響。世界真正的王已經來了，攔阻建立祂國度的罪、死亡、地獄和撒但都被決絕地擊潰了。

也就是，神國的許多祝福已經是我們的了。所以耶穌告訴祂的門徒，祂將賜給他們「另一位保惠師」，就是聖靈。聖靈將引領他們，使他們知罪並使他們成聖。基督徒同樣知道，我們現在已經被接納到神的家中，已經與神和好了。保羅甚至說，在神的眼裏，我們已經與基督一同復活，一同坐在天上了（弗2:6）。

這個真理很安慰人。但還有其他同樣重要的方面，我們必

須明白。

尚未成就的國度

神的國尚未完全成就,直到君王耶穌再來之時才會完全成就。儘管耶穌推翻了邪惡的勢力,但還沒有完全、最終在地上建立神的統治,至少現在還沒有。壯士被綁了起來,卻沒有被毀滅。邪惡被打敗了,卻沒有被清除。神的國開啟了,卻還沒有最終完全成就。

耶穌説將來有一天神的國會最終成全。耶穌説,在那日眾天使要「把一切叫人跌倒的和作惡的,從他國裏挑出來……那時,義人在他們父的國裏,要發出光來,像太陽一樣」(太13:41-43)。在最後的晚餐上,耶穌也期盼再次與門徒一起喝葡萄汁的那日子:「我告訴你們,從今以後,我不再喝這葡萄汁,直到我在我父的國裏同你們喝新的那日子。」(太26:29)

保羅也切切盼望永恆中死人的復活(林前15)。保羅還告訴以弗所人,他們受了聖靈為印記,聖靈「是我們得基業的憑據,直等到神之民被贖」(弗1:14)。之後保羅説,神已救了我們,「要將他極豐富的恩典,就是他在基督耶穌裏向我們所施的恩慈,顯明給後來的世代看」(弗2:7)。彼得同樣説到「到末世要顯現的救恩」(彼前1:5)。《希伯來書》的作者告訴讀者,他們「在世上是客旅,是寄居的」(來11:13),

應當等候「那座有根基的城，就是神所經營所建造的」（來11:10）。

　　基督徒最大的盼望，也就是我們的渴求、力量和鼓勵的源頭，是我們的王離天而降的日子。祂會來成就祂榮耀的國度，在那榮耀的時刻，世上的一切事物得以歸正，公正最終實現，邪惡被永遠地打敗，公義完全建立起來。神在《以賽亞書》65章17至19節這樣應許：

> 看哪！我造新天新地；
> 從前的事不再被記念，也不再追想。
> ……
> 我必因耶路撒冷歡喜，
> 因我的百姓快樂；
> 其中必不再聽見哭泣的聲音和哀號的聲音。

　　先知告訴我們，在那日：

> 在我聖山的遍處，
> 這一切都不傷人、不害物；
> 因為認識耶和華的知識要充滿遍地，
> 好像水充滿洋海一般。（賽 11:9）

孩提時，我以為基督徒的命運就是在沒完沒了、無形無體的教會聚會中度過永恆。這個想法太可怕了！但其實這個想法大錯特錯。神要為祂的子民創造一個沒有罪、死亡和疾病的新世界。戰爭將止息，壓迫會停止，神將永遠與祂的子民同住。神的子民不再遭受死亡；墳墓不再以淚水灼傷我們的雙眼；嬰兒不再夭折；我們不再悲哀、痛苦和哭泣；我們不再渴望回家。因為如《啟示錄》告訴我們的，神會親自擦去我們一切的眼淚，我們將見祂的面。

你會怎麼回應這一切？我想到的是：哦，主耶穌，願你快來！

我一直有點吃驚，就是人們談論所有這些應許，新天新地，沒有邪惡的天上之城，沒有死亡、戰爭和壓迫的世界，復活的子民永遠喜樂地活在神面前，然後將應許置之腦後，說：「來吧，讓我們去實現這一切！」

事實上，人類沒有能力建立和成全神的國。儘管我們竭盡所能，也出於善意想要世界更加美好，但聖經中應許的國度只有在君王耶穌再來的時候才會實現。

需要記住這至關重要的一點，至少有兩三個理由。第一，這會防止我們陷入錯誤的、最終盲目的樂觀，認為我們在這個墮落的世界中還能有所成就。基督徒當然能夠給社會帶來一些變革。這在歷史上曾經發生過，我也不懷疑現在有些革新也正在進行，而將來還會再有。基督徒在世界上已經做了很多

極美善的事情，並且會繼續做，那就是將神與耶穌基督彰顯給這個世界。

但是聖經的脈絡使我們認識到，直到基督再來，我們在社會、文化上的勝利將是不堪一擊的，不會永久保存。基督徒永遠不會實現神的國，只有神自己能實現。天上的耶路撒冷是從天上降下來的，不是從地上建起來的。

更重要的是記住，只有當耶穌再來時，神國才會建立，這是我們盼望的中心、情感的中心，也是我們對耶穌渴望的中心。我們不是期待人的力量、人的作為、人的權柄，甚至不是期待我們自己的努力使一切歸正，而是舉目望天，與使徒約翰一起呼喊：「是的，主耶穌啊，我願你來！」我們對祂的再來更加期盼，向祂的禱告更加熾烈，對祂的愛更加深厚。簡而言之，我們的渴望和盼望應當牢固和正確的聚焦在那個國度的君王身上，而不是那個國度。

對君王的回應

進入神的國完全取決於一個人對這位君王的回應。耶穌對此已經說得再明確不過了。耶穌再三指出，決定一個人能否進入祂國度的唯一因素是這個人如何回應耶穌和祂所講的信息。想一想那個青年財主，他問：「我當作什麼事，才可以承受永生？」耶穌的回答說到最後是「跟從我」。對這個青年來說，這意味著不再依靠他自己的財富，而是轉而信靠

耶穌（可10:17、21）。

耶穌一次又一次地說，神要在人類中間劃清界限，將得救的人從未得救的人中間分別出來。使兩者成為不同的是他們如何回應耶穌。這是《馬太福音》第25章裏綿羊和山羊的故事所要講的。最終，「來」與「離開我」的差別在於：每個人如何回應耶穌，如何回應耶穌的「弟兄」，也就是耶穌的子民。

當然首先是耶穌在十字架上為我們死，我們才能成為祂的子民。這是耶穌真正讓人震驚的方面，不只是祂是君王，祂開啟了一個慈愛與憐憫的國度。這些都還不那麼讓人震驚。每個猶太人都知道這一天會來到。耶穌的福音真正讓人驚愕不已的，是這位君王為了救贖祂的百姓而受死，彌賽亞竟是一位被釘十字架的彌賽亞。

幾個世紀以來，猶太人都在盼望一位彌賽亞君王來拯救他們。他們也盼望耶和華受苦的僕人（以賽亞的預言），甚至依稀期待要在末後的日子顯現的神聖「人子」（《但以理書》）。然而，他們從來不知道這三者是同一個人。在耶穌之前從來沒有人將這三者合而為一。

但是，耶穌不僅宣稱自己成就了以賽亞的彌賽亞盼望（祂就是那位君王），祂也不斷地稱自己為《但以理書》第7章中神聖的「人子」。耶穌甚至說，人子來是「要捨命，作多人的贖價」（可10:45），這就準確無誤地指向《以賽亞書》第53章10節中耶和華受苦的僕人。

　　你明白耶穌在宣稱什麼嗎？祂在說，祂自己一次地、全部地成就了所有身分：出自大衛後裔的彌賽亞、以賽亞預言中受苦的僕人，以及但以理所說的人子。耶穌取了人子的神性，加上僕人的替代性受苦，最後以彌賽亞的身分結合這一切。當耶穌將猶太人的所有希望結合起來時，這位君王遠遠超越了猶太人盼望的地上革命。耶穌是那位神聖的「奴僕君王」，為自己的百姓受苦受死，好使他們得救贖，在祂的父眼裏成為義，將他們滿有榮耀地帶進祂的國度。

　　鑒於此，耶穌決定人能否進祂的國，單單取決於這人是否為罪悔改、相信耶穌以及祂在十字架上的救贖之工。當耶穌談論「天國的福音」時，祂的重點不只是天國已經降臨。耶穌的重點是：天國已經降臨，如果你相信唯有我能救你脫離罪，並因此與我這位君王聯合，那你就能夠進入天國。

　　因此，身為基督國度的公民不只是「過天國的生活」，或是「效法耶穌的榜樣」，或是「像耶穌一樣生活」。實際上一個人可以自稱是「耶穌的跟隨者」或「過天國生活的人」，而仍然在天國之外。人只要願意，就可以像耶穌那樣生活。但是除非你帶著悔改和信心就近這位被釘十字架的君王，並單單倚靠祂為你的罪所擺上的完美犧牲，依靠祂是你得救的唯一盼望，否則你既不是基督徒，也不是祂國度的公民。

　　進入基督國度的方法是就近這位君王，不只是稱頌祂為偉大的榜樣，向我們展示了更好的生活方式，更是謙卑地相信祂

是被釘十字架並復活的主，唯有祂能救你脫離死刑。在末後的日子，進入天國的唯一方法是藉著這位君王的寶血。

為這位君王而活的呼召

成為天國的公民是被呼召過天國的生活。在《羅馬書》第6章4至11節，保羅呼召基督徒要認識到，他們已經從罪的轄制下被救贖，被遷到神的國度裏了。

> 所以，我們藉著洗禮歸入死，和他一同埋葬，原是叫我們一舉一動有新生的樣式，像基督藉著父的榮耀從死裏復活一樣。我們若在他死的形狀上與他聯合，也要在他復活的形狀上與他聯合；因為知道我們的舊人和他同釘十字架，使罪身滅絕，叫我們不再作罪的奴僕；因為已死的人是脫離了罪。我們若是與基督同死，就信必與他同活。因為知道基督既從死裏復活，就不再死，死也不再作他的主了。他死是向罪死了，只有一次；他活是向神活著。這樣，你們向罪也當看自己是死的；向神在基督耶穌裏，卻當看自己是活的。

當我們憑著信心被帶進神的國，聖靈就賜給我們新生命。我們成為新國度的公民、新君王的子民。因此，我們也有

新的義務來順服這位君王，來以榮耀祂的方式而活。這就是為何保羅說：

> 所以，不要容罪在你們必死的身上作王，使你們順從身子的私慾。也不要將你們的肢體獻給罪作不義的器具；倒要像從死裏復活的人，將自己獻給神，並將肢體作義的器具獻給神。（羅6:12-13）

直到基督再來，我們這群祂的子民繼續活在這個罪惡的世代。我們的君王呼召我們行事為人要對得起祂召我們進入的國度（帖前2:12），要在這彎曲悖謬的世代「好像明光照耀」（腓2:15）。過天國的生活完全不能使我們進入天國。而是說，一旦我們藉著相信那位君王被帶進神的國，我們發現自己有了新的主人、新的律例、新的典章和新的生命，因此我們就開始想要過天國的生活。

聖經告訴我們，在這個時代裏，天國的生活主要是在教會裏活出來的。你想過這點嗎？教會就是這個時代裏神的國彰顯的地方。請看《以弗所書》第3章10至11節：

> 為要藉著教會使天上執政的、掌權的，現在得知神百般的智慧。這是照神從萬世以前，在我們主基督耶穌裏所定的旨意。

教會是神選擇的劇場，首要展示神的智慧和福音的榮耀。正如很多人以前所說，教會是神的國在這個世界上的前哨基地。說教會是神的國並不完全正確，正如我們已經看到的，神的國遠不止如此。但是可以說在這個世代裏，教會是我們看到神國彰顯的地方。

你想看到神的國是什麼樣嗎？至少是在成全之前的樣子。你想看在這個世代活出天國的生活嗎？那麼看教會吧。這是神的智慧彰顯的地方，是曾經相互疏遠的人因耶穌而和好、合一的地方，是神的聖靈作工重塑和重建人類生命的地方。在這裏，神的子民學習彼此相愛，互擔重擔，一同受苦、同悲同喜，互相督責。當然教會是不完美的，但是教會向一個亟需救贖的世界活出並彰顯了天國的生活。

穿越黑暗，繼續前行

正是世界對救贖的迫切需要，使得基督國度的公民在這個時代裏活得很艱難。對世界來說，基督徒是有威脅性的，而且世界一向這麼認為。在早期教會時代，宣稱「耶穌是主」就是拒絕皇帝的權柄，是蠱惑人心、大逆不道的話，基督徒因此被殺害。今天，宣稱「耶穌是主」就是拒絕多元化，是宗教盲從和令人難以容忍的，世人也因此辱罵我們。

聖經從來沒有說天國的生活是容易的。爭戰持守而忠於那

位君王並不容易。耶穌應許說，跟隨祂的人要遭受逼迫，他們要遭人辱罵、嘲笑，甚至被殺。但是即便如此，我們基督徒仍然繼續前行，因為我們知道，在神面前有為我們存留的、超乎想像的基業。

托爾金史詩般的巨著《魔戒》的最後一部中，故事的主人公們來到了他們旅程中最黑暗的地方。千裏迢迢，他們終於來到了邪惡之地，也就是他們的目的地。但由於各種原因，此時一切似乎都失去了。然而在那最黑暗的時刻，主人公之一的山姆凝視黑暗的天空。托爾金寫道：

> 群山之上，西邊的夜空依舊昏暗蒼白。在那裏，穿過烏雲的縫隙，在群山上空，山姆看到了一顆閃爍的星斗。那星光的華美直擊他的心口。當他再次望向眼前荒涼的大地時，希望再次燃起。就像一支箭一樣，一個念頭刺穿了山姆，他清醒地意識到，黑暗最終不過是渺小短暫的：永遠都會有黑暗無法觸及的光明與榮美。

這是故事中我最喜歡的片段之一。因為在這裏，宣告自己相信基督的托爾金告訴我們，如何找到穿越黑暗、繼續前進的勇氣。這勇氣來自於希望，來自於深知我們現在的苦楚不過是渺小短暫的。如保羅所說，與我們的君王再來時要顯於我們的

榮耀相比,現在的苦楚算不上什麼!

複習與討論

本章回顧:「神的國」這個概念是被誤解最多的聖經概念之一。基督徒應該知道以下真理:

- 耶穌親自開啟,以此證明祂的王權。
- **神的國**已經到來,卻未完全。
- 對神來說,這只是時間問題,也只有神能完成祂已經開始的工作。
- 是否能進入神的國取決於一個人對這位君王的回應。
- 在這地上我們對教會的委身顯明我們進入了神的國。

鑰節:《馬太福音》3 章 2 節,13 章 41 至 43 節;《使徒行傳》28 章 31 節;《以弗所書》3 章 10 至 11 節;《啟示錄》12 章 10 節

1. 當聖經使用「神的國」這個詞時,它指的是什麼?(86頁)

2. 神的國是過去的、現在的還是將來的？（88 至 89 頁）

3. 何種意義上神的國已經臨到？（88 頁）

4. 如果基督徒的命運不是「在沒完沒了、無形無體的教會聚會中度過永恆」（92 頁），那應該是什麼？（92 至 93 頁）

5. 只有神能建立和成全祂的國，為什麼記住這一點至關重要？（92 至 93 頁）

6. 能否進入神的國是以什麼為標準？（93 頁）

7. 一位彌賽亞君王，一位受苦的僕人，一位神聖人子——在舊約時代猶太人所期盼的這三者最終降臨，但他們從來沒有想過這三者是同一個人。在新約中，耶穌從哪些方面顯出自己符合這些身分？為何每一個身分都如此重要？（94 至 95 頁）

8. 神的國如何在一個基督徒與地方教會的關係中被顯明出來？（96 至 98 頁）

第七章

持守以十字架為中心

在本仁約翰的《天路歷程》中，主人公基督徒有一次和兩個抄近路的傢伙「死板」和「虛偽」談話。他們堅稱自己和基督徒一樣，也在去天國的路上，並很確信自己會到那裏，因為他們國家的很多人之前都走過這條路。

當然，他們的名字出賣了他們。死板和虛偽根本到不了天國。

基督徒第一次看到這兩個人時，他們正從基督徒所走的窄路一側的牆上跳下來。基督徒當然看出這是不對的，因為他知道進入窄路的唯一合法途徑是通過窄門。在這個故事裏，窄門象徵著悔改和相信被釘十字架的基督。

基督徒從不害怕單刀直入，他問這兩個人：「你們為什麼不從窄門進來？」兩人馬上解釋說，他們國家的人覺得窄門太遠了，所以他們很早就決定要「抄近路」。此外，他們辯解道：

> 我們只要是走上這條路了，怎麼進來的有什麼關係？我們進來了，就是進來了。你在這條路上，

> 你是從窄門進來的；我們也在這條路上，我們是翻
> 牆進來的。你又哪里比我們強呢？

基督徒警告他們：天國的主已經下令，每個進入天國的人必須從窄門進入窄路。基督徒給他們看了他在窄門那裏得到的書卷，他必須在天國的門口把它拿出來才能進入天國。「我想，」基督徒說，「你們沒有這個，因為你們不是從窄門進來的。」

本仁的重點是要指出，通向救恩的唯一途徑是經過窄門，也就是經過悔改和相信。只是過基督徒樣式的生活是不夠的。如果一個人不經過窄門而走上這條路，那他就不是一個真正的基督徒。

一個更強大、更實際的福音？

這是老故事了，但本仁要說明的事情更古老。從起初人們就努力以自認為合理的方式拯救自己，而不是聽從並順服神。人們總是想知道如何不經過窄門，也就是繞開耶穌基督的十字架而讓救恩和福音有功效。

當今時代也是如此。我確實認為現今基督的身體面臨的一個最大危險，就是不再以耶穌在十字架上替罪人死為福音的中心，而是以其他為中心來再思和重述福音。

這樣做是出於很大的壓力，似乎有幾方面的壓力。一個主要的壓力是，人們越來越認為，藉著基督的死而罪得赦免這個福音好像不夠「強大」，說這個福音不解決諸如戰爭、壓迫、貧窮和不公義的問題。一位作家說，在面對這個世界的現實問題時，這福音真的「沒有那麼重要」。

不過我認為這個說法大錯特錯。所有這些問題，追根究底是人罪惡的結果。而人愚蠢地認為多點行動，多點關懷，多點「像耶穌那樣生活」，我們就能夠解決這些問題了。不是的，只有十字架能真正地、一次性地解決罪的問題，也只有十字架使人類有可能進入神完美的國度。

然而找一個「更強大」、「更實際」的福音的壓力似乎抓住了很多人。很多書將十字架放到了福音闡述的次要位置。取而代之的是宣稱福音的核心是神正在重塑世界，或神已經應許了一個一切會被歸正的國度，或神正呼召我們與祂一起改變我們的文化。不管是什麼具體方面，結果就是「耶穌替罪人而死」一次次地被臆斷、被邊緣，甚至（有時故意地）被忽略了。

三個代用的福音信息

在我看來，這個「除去十字架為中心」正發生在福音派基督徒當中，難以察覺，方式各異。近年來，一系列「更

大更好」的福音信息得到支持，每種福音信息似乎都得到了很大的支持。然而，只要這些「更強」的福音信息不以十字架為中心，我就要說，這些談不上是福音，或者根本不是福音。我來舉三個例子。

第一，單單宣稱「耶穌是主」，不是福音

這些「更強」福音信息中最流行的一個，就是宣稱好消息僅僅是宣告「耶穌是主」。就像一位傳令官進入城中宣告：「凱撒是主」，基督徒宣告一個好消息：耶穌是掌權者，祂正使全世界與祂自己和好，並將其放在祂的統治之下。

當然，「耶穌是主」這個宣稱是完全的、極其正確的，並且宣稱耶穌是主是福音信息必不可少的。所以保羅在《羅馬書》第10章9節說，承認「耶穌是主」的人將得救。在《哥林多前書》第12章3節，保羅說只有靠著神的靈，人才承認這個真理。

但是，說「耶穌是主」這一宣告是基督教好消息的全部要點和內容肯定是不對的。我們已經看到早期基督徒在傳講福音時，傳講的不只是這點。在《使徒行傳》第2章，彼得確實傳講：「故此，以色列全家當確實地知道，你們釘在十字架上的這位耶穌，神已經立他為主、為基督了。」（徒2:36）但是在這一陳述前後，彼得詳盡地解釋了「耶穌是主」的意思。意思是這位主已經被釘十字架，被埋葬並且復活了；也就是說最

重要的是祂的死亡和復活為那些願意悔改並相信祂的人成就了「罪得赦免」。彼得不是只宣稱耶穌是主。他宣告這位主已經代表祂的子民採取行動，拯救他們逃離神對他們的罪的忿怒。

至此我們應該清楚，單單說「耶穌是主」而不解釋耶穌如何不單單是主，也是救主，就根本不是福音。主的權柄意味著有權利審判，我們也已知道神定意要審判邪惡。因此，對一個背叛神，背叛彌賽亞的罪人來說，宣告耶穌已經作主是個可怕的消息。就好像你的敵人贏得了王位，現在要因你背叛祂而審判你。

要想這個消息成為好消息，而不單是讓人害怕，就需要有一個出路，使你的背叛得到赦免，使你與這位君王得以和好。這正是我們在新約裏看到的：不僅宣稱耶穌是主，而且這位主耶穌已經被釘十字架，所以罪人罪得赦免，得以進入祂國度的喜樂中。離開這點，宣稱「耶穌是主」不過是宣判死刑。

第二，泛泛講述「創造—墮落—救贖—成全」，不是福音

很多基督徒以創造、墮落、救贖和成全這四個詞概括聖經的脈絡。

實際上，這是個概括聖經脈絡很好的方式。神創造世界，人犯罪，神在彌賽亞耶穌裏作工為自己救贖一群子民，歷史的結局是神榮耀的國度最終成全。從《創世記》到《啟示錄》，這是個記憶聖經基本敘事的極好方法。當你正確地理解

並陳述時，「創造—墮落—救贖—成全」這個脈絡為忠實地呈現基於聖經的福音信息提供了好的框架。

然而問題在於，一些人錯誤地使用這一框架，將福音的重點放在了神應許更新這個世界上，而不是十字架上。因此，「創造—墮落—救贖—成全」這個「福音」經常呈現為以下內容：

> 福音就是這樣的消息：起初神創造世界和其上萬物。世界原本是好的，但是人類背叛了神的統治，使世界陷入混亂。人與神之間的關係破裂了，人與人，人與自己，人與世界的關係也破裂了。但是墮落之後，神應許差遣一位君王，這位君王將為自己救贖一群子民，並使受造物與神和好。這一應許因著耶穌基督的到來開始實現，但是要等到君王耶穌再來，應許才會最終實現，即成全。

當然這段話的每字每句都是正確的。但是上面的內容不是福音。宣告「耶穌是主」不是好消息，除非你對祂的背叛得到赦免；神要更新世界也不是好消息，除非你有分於此。

當然，我們完全可以使用「創造—墮落—救贖—成全」來解釋基督教的好消息。事實上，「創造」和「墮落」這兩個部分與本書所講的「神」和「人」兩部分幾乎一致。然而關鍵在

於「救贖」這一部分。為了正確地宣講福音，在這一部分，我們必須細緻地解釋耶穌的死亡和復活，以及神要求罪人做出的回應。如果我們只說神要救贖一群子民並要重塑這個世界，而不說祂是怎麼做的（通過耶穌的死和復活），以及一個人如何能有分於這一救贖（通過認罪悔改和相信耶穌），那我們就沒有傳講好消息。我們只不過是泛泛地講述了聖經的敘事，而讓罪人們臉貼著窗戶急切地往裏看，卻進不去。

第三，致力高舉「文化變革」，不是福音

以基督徒的努力為途徑帶來文化變革這一觀念，最近似乎吸引了很多福音派的人。我認為這是個崇高的目標，也認為努力抵抗社會上的邪惡，無論是個人抵抗還是組織性的抵抗，都是符合聖經的。保羅告訴我們要「向眾人行善，向信徒一家的人更當這樣」（加6:10）。耶穌告訴我們要愛我們的鄰舍，包括那些外人（路10:25-37）。耶穌也告訴我們：「你們的光也當這樣照在人前，叫他們看見你們的好行為，便將榮耀歸給你們在天上的父。」（太5:16）

但是很多變革派牽強附會，在聖經內容的細枝末節中尋找「救贖文化」的命令。他們認為，如果神在重塑世界，那麼我們就有責任加入其中，搜集建造神國的材料，並在我們的社區、城市、國家和世界為建立神的統治作出努力。他們說：「看到神在做什麼，我們就必須做什麼。」

　　讓我繼續把我所有的想法都擺到桌面上。關於文化變革的範式，我很嚴肅地在聖經和神學上保留意見。很多變革派要求把文化變革放在一個重要的優先位置上，但我認為聖經沒有把文化變革放在這樣的一個位置上。原因有幾點。一方面，我不認為《創世記》中的文化命令是單單給神的子民的，我認為是給整個人類的。我也認為人類文化的整體軌跡，無論是在聖經裏還是在歷史中，並不是朝向神的；雖不是各個方面，但整體而言，人類文明的軌跡是走向審判的（參見啟17-19）。所以我認為很多變革派對「改變世界」持有的樂觀主義是誤導性的，因而會讓人產生沮喪。

　　但是這一切都需要大量的聖經和神學探討，也不是我在此的主要關注。實際上我認為，人既可以是堅定的變革派，又可以持守耶穌的十字架是聖經和福音的核心。畢竟，神使用被赦免、蒙救贖的祂的子民來改變世界，而赦免和救贖只有藉著十字架才會發生。

　　我主要關注的，也是我希望主張變革的朋友們能全心認同的，就是在變革派中，文化救贖經常毫無察覺地成為福音的偉大應許和重點，這當然就可能有意無意地將十字架推出中心位置。很多書更多地強調文化變革，可以說明這個情況。如此引發極度興奮和喜樂的是文化使命的承諾，而不是基督在十字架上的救贖工作。強烈的要求人們與神一起改變世界，而不是要人們悔改和信耶穌。聖經的脈絡被說成以重塑世界為核心，而

不是以耶穌的代死為中心。

在此過程中,基督教將更少關乎恩典和信心,而更多成為一個平庸的宗教:「這樣來生活,我們將改變世界」。這不是基督教,這是道德主義。

絆腳石和愚拙

我想,在末後的日子,將十字架從福音的中心擠掉,是否因為世界就是不喜歡十字架。說得好聽點,他們認為這是一個荒謬的童話故事;說得難聽點,這是可怕的謊言。我們真的不應該對此感到驚訝。保羅告訴我們的,就是這樣子。保羅說,十字架的信息對一些人來說是絆腳石,對其他人來說是愚拙。

再加上我們非常希望世人被福音吸引。這樣,要找到一種不需要過多談論「血腥十字架宗教」的方式,基督徒真是壓力巨大。我們想讓世人接受福音,而不是嘲笑福音,對吧?

但是,我們應該勇於面對。十字架的信息本來就是對我們周圍的人來說,會聽起來毫無意義。這信息會使我們基督徒看起來像傻瓜,也必定會破壞我們與非基督徒的「認同」,使我們不能向他們證明我們和常人一樣,頭腦冷靜,也沒任何惡意。基督徒總是能讓世人認為他們為人冷靜,直到他們開始談人藉著一個被釘十字架的人得拯救。無論你之前多麼謹慎地培

養冷靜，此刻都灰飛煙滅。

即便如此，聖經很明確的説，十字架必須是福音的中心。我們不能偏離這個中心，也不能以其他真理取代十字架作為好消息的關鍵、中心和源頭。否則就是給世人沒有救贖能力的東西，因此就根本不是好消息。

關於我們該如何不讓福音的中心偏離十字架，聖經給了我們清楚的教導。我們要阻止這種偏離。看看保羅在《哥林多前書》對此怎麼説。他知道對他身邊的人來説，十字架的信息聽起來很瘋狂，也知道他們會因此拒絕福音，對十字架的信息嗤之以鼻。但是即使會遭到拒絕，保羅説「我們傳釘十字架的基督」（林前1:23）。事實上，他定意「在你們中間不知道別的，只知道耶穌基督並他釘十字架」（林前2:2）。這是因為，正如保羅在本卷書結尾所寫，「基督照著聖經所記的，為我們的罪死了」這個事實不僅重要、非常重要，而且是「最要緊的」（林前15:3，新譯本）！

要是這招來世人的嘲笑，怎麼辦？要是人們更愛更新世界的福音信息，而不是基督替罪人死的福音，怎麼辦？要是人們嘲笑福音，因為福音是關於一個人死在十字架上的事，怎麼辦？保羅説，那就這樣吧。我傳的是十字架。他們可能認為十字架是可笑的，認為十字架是愚拙的，但是我知道「神的愚拙總比人智慧」（林前1:25）。

保羅確定十字架是他傳講的福音的中心，我們也當如

此。如果我們讓其他東西成為中心，那我們就是在說：「我幫你跳過那堵牆。相信我，你會沒事的。」

複習與討論

本章回顧：如果沒有基督的十字架，福音的信息是說不通的。沒有人可以離開悔改和信心而得著救恩。對很多人來說，這聽上去極其愚蠢和狹隘，這也是為什麼人們通常想要撇開耶穌的死和復活，而以其他一些事為中心來重新定義福音。但沒有告訴罪人如何在一位至聖的神面前站立的「福音」都不能被稱作是福音。

鑰節：《哥林多前書》1章23節、25節，2章2節，15章3節；《加拉太書》6章14節

　　1. 讀過《福音真義》之後，你是否感受到有重新定義福音的壓力或者有想強調某些部分而輕忽其他部分的傾向？（104頁）

　　2. 為什麼有些人認為符合聖經的福音太狹隘了？這樣的評價錯在哪裏？（105頁）

3. 為什麼單單宣稱「耶穌是主」的福音還不足夠？（106 至 107 頁）

4. 的確，「神要救贖一群子民並重塑這個世界」。（109 頁）但這和福音的信息相同嗎？

5. 在神「改變世界」的工作中我們應該如何思想我們的角色？在這方面我們應該抱有怎樣的期待？（109 至 110 頁）

6. 對這個世界來說，福音聽來是愚拙的，為何還要說這是一個好消息？（111 頁）

7. 擁抱「神的愚拙」（林前 1:25）如何讓我們對福音充滿信心？（112 頁）

第八章

福音的大能

大學畢業前夕，我和兩位好友心血來潮，決定從德州東部的家鄉一路北上，走到黃石國家公園。那次旅行棒極了，對三個年輕人來說像是一場成年禮。

一路上風光旖旎，盡是山川、間歇泉、硫磺溫泉和成群結隊的麋鹿。一天早上，我們三人打算徒步一整天。為了好玩，我們決定不帶地圖，想看看小路通向何方。揹上一些作午餐的食物和手機，我們就出發了。

那天我們走了很久，之後我們就開玩笑說，黃石國家公園和我們德州東部的森林看起來沒什麼差別嘛！我們四周環繞著高大的松樹，時不時地，我們要跳過流經小路的溪流。沒有什麼可看的，我們也開始有點不耐煩了。

但是突然間，森林到了盡頭，我們發現自己正站在黃石的大峽谷邊緣，腳下是綿延千裏的巨大裂谷。一條河橫穿谷底，在陽光的照耀下波光粼粼。群鳥在腳下翱翔，雲層在低空穿梭，我想這些鳥是被峽谷縱橫的氣流挾持住了。

那一刻，凝視腳下讓人眩暈的寬闊景致，舉頭望天，我感

到自己極為渺小。有一會兒，我們三個人那天頭一次什麼話也沒說。然後，一位朋友開口唱起：

> 主啊，我神！我每逢舉目觀看，
> 你手所造一切奇妙大工⋯⋯

他唱歌不是很好聽，但是他的心聲千真萬確。接下來的幾分鐘，我們站在黃石大峽谷的邊緣，讚美那位創造奇妙可畏美景的神。

為何忽視福音？

如果我們花時間駐足停留，認真思考福音，我認為福音會給我們帶來同樣的震撼。你上一次眼睛從生活瑣事轉向神在福音裏為我們所造的大峽谷是什麼時候？注視祂不可測度的恩典，就是赦免背叛祂的人；祂令人讚歎的計劃，就是差遣祂的兒子為罪人受苦受死；在完全公義的國度為復活的耶穌立定寶座，將那些藉耶穌的寶血被拯救、蒙救贖的人帶到新天新地，在那裏罪與惡永遠地被戰勝！

為何我經常很長時間將福音的榮美、大能和宏偉拋之腦後？為何我的思想和情感經常被愚蠢的事情支配，比如我的車是不是乾淨、CNN正在播什麼新聞、我是否滿意今天的午

餐,而不是定睛於榮耀的真理?為何我像帶著眼罩一樣的管理和思考我的生活,而不是從永恆的角度出發?為何這個福音老是沒有深深地支配我的生命,進入我與妻兒、同事、朋友和教會弟兄姊妹的關係中?

我知道為什麼。因為我是個罪人,世俗會殘留在我的心裏,與我爭鬥,直到耶穌再來的那日。那時我忽然想起來要爭戰,我想與屬靈的惰性爭戰,與這個世界不斷讓我陷入的麻木爭戰。我想緊緊擁抱這個福音,讓福音影響我的一切,我的行動、情感、情緒、欲望、思想和意志。

我希望你也渴望這樣。我希望這本書幫助你打開一條縫隙,讓你能看到神在耶穌裏為我們成就的大工。那現在要做什麼呢?現在,關於耶穌的好消息如何影響我們的生命,我提幾件事情,當然好消息對我們生命的影響遠不止這幾件。

悔改和相信

首先如果你不是基督徒,謝謝你一直讀到這裏。我希望你已經思考了關於耶穌的好消息,我禱告求神使福音深入你的內心。你現在要做的事情非常簡單。你不需要做很多事,只有一件:為你的罪悔改,相信耶穌。如此就會認識到你屬靈上的匱乏,承認你完全無力拯救自己,並來就近耶穌,讓祂成為你在神面前被赦免、被稱義的唯一盼望。

成為基督徒不是一個勞心費力的過程。你不用努力作什麼。耶穌已經為你成就了你需要的一切。福音呼召你所作的，就是心裏轉離罪，藉著信心轉向耶穌，也就是相信和信靠。福音召你到耶穌那裏，對祂說：「耶穌，我知道我救不了自己，所以我依靠你來拯救我。」

然後一個全新的世界呈現在你面前。但這一切開始於為罪悔改和相信耶穌來拯救你。

安息與喜樂

如果你是基督徒，那麼福音首先呼召你在耶穌基督裏安息，並在他為你贏得的堅不可摧的救恩中喜樂。因著耶穌，因著知道藉著信心我與祂聯合，我能夠抵抗試探，不再相信救恩是脆弱和易逝的。無論我是否一直都能感覺到，但在漩渦般的問題之下，我知道我屬於耶穌，沒有人能從他的手中將我奪走。這是因為福音告訴我，我在神面前被稱為義，不是像我玩完了一個屬靈的Bingo賓果遊戲，那種遊戲把救恩的確據建立在一堆列表之上：結了很多果子嗎？打勾；有靈修嗎？打勾；禱告了嗎？打勾，打勾，打勾！太好了！我今天感到真的被拯救了！

想到福音是如何談論耶穌的，前面所做的顯得多麼荒謬。感謝神，我與祂的關係不是基於我變幻無常的意志，或是我有活出公義的能力。不是的，神已經宣布了祂對我的判決，

那就是「被赦免」。而且這個判決永不改變，因為它永遠單單紮根在耶穌裏，祂在十字架上替我受死，甚至現在，祂在神的寶座前為我代求。

如果你是一個基督徒，那麼耶穌的十字架在你一生中就像高山矗立，不可動搖，向你證明神對你的愛，證明祂要把你安全地帶到祂面前的決心。正如保羅在《羅馬書》所說：「神若幫助我們，誰能敵擋我們呢？神既不愛惜自己的兒子，為我們眾人捨了，豈不也把萬物和他一同白白地賜給我們嗎？」（羅8:31-32）

愛基督的子民

基督徒，福音也應該使你更深厚、更活潑地愛神的子民，即教會。沒有哪個基督徒是自己贏得神為我們存留的基業。不是我們使自己成了天國的公民。我們與神的應許有分，僅僅是因為我們知道，是倚賴耶穌基督拯救我們，依靠信心與祂聯合。

但是，令你意想不到的問題出現了。你是否意識到，對於教會裏你厭煩的弟兄姐妹，情況是同樣的？他們所信、所愛的主耶穌與你所信、所愛的是同一位主；而且，他們已經被同一位拯救你、赦免你的主拯救和赦免。想想就是因為你覺得你們處不來而沒有認真花時間去了解的那位弟兄或姐妹。想想那個

你與之關係破裂，還拒絕與他修復關係的人。現在，想想他們所愛、所信的主與你所愛、所信的主是同一位。想想為你死的主也是為他們而死的同一位主。

雖然你不配，但耶穌拯救了你。對耶穌基督的福音，對這個好消息，你是否深入認識到可以讓你咽下對弟兄姐妹的批評指責；你的理解是否深入到可以淹沒他們對你犯下的過錯，甚至是那些最痛苦的；是否可以引領你像耶穌原諒你、愛你那樣去原諒他們、愛他們。

神對你長闊高深的愛是否讓你更加愛別人？

向世界傳講福音

神對你的恩典是否也使你更愛身邊的人，盼望他們認識和相信耶穌基督？如果我們真正明白神給我們的恩典，我們就會熱切期待別人也得到同樣的恩典。

耶穌復活後向門徒們顯現，告訴他們：「照經上所寫的，基督必受害，第三日從死裏復活，並且人要奉他的名傳悔改、赦罪的道，從耶路撒冷起直傳到萬邦。」耶穌清楚地告訴門徒們，神的偉大計劃是為祂自己救贖一群子民。讓人震驚的是，耶穌接著加上一句「你們就是這些事的見證」（路24:46-48）。我總是想像，聽到這些時門徒們的臉色當時一定變得煞白。神的旨意就是救贖世人，而此刻耶穌告訴他

們，這個旨意要藉著他們來實現！

不知道你怎麼樣，但是我感到無法勝任。神要藉著我們實現祂在世界上的旨意？不可思議！但是如果你感到自己不配和無法勝任，那我給你點鼓勵。你是不配，也確實無法勝任。這算什麼鼓勵？看看我們自己，脆弱不堪的人，每一天仍在與罪爭戰。然而耶穌對我們說：「你們會是我的見證。」意思是，神要藉著我們宣講福音拯救罪人，無論是透過講道、教導，還是和朋友、家人、同事共餐時的聊天。

你有沒有想過，在《使徒行傳》第10章中對哥尼流說話的天使為什麼不自己告訴他福音？為什麼那麼麻煩地讓哥尼流派人去找在遠處的彼得？如果天使能告訴哥尼流這些事，當然也能告訴他福音。但是不然，神已經決定，福音要藉著祂子民的口傳揚出來，就是那些接受耶穌的好消息、知道耶穌的赦免的人。

如果你是個基督徒，要知道你手中握有世人能聽到的唯一的救恩信息。永遠不會有另一個福音，也沒有別的方法使人們從罪中得拯救。如果你的朋友、家人和同事從罪中被拯救，那是因為有人給他們講了耶穌基督的福音。這就是為什麼耶穌派我們到全世界各地，對萬民傳講、教導這個好消息。這也是保羅在《羅馬書》第10章的意思，他問道：「未曾聽見他，怎能信他呢？沒有傳道的，怎能聽見呢？」（羅10:14）身為基督徒，我們能做的好事情有很多。但事實上，不是基督徒的人也

可以歡喜地做其中大部分的好事情。但是，如果我們基督徒不去傳講耶穌的福音，還有誰會呢？沒有人。

所以讓福音真理進入你的心，甚至為了那些不認識耶穌基督的人而感到心碎。默想一下，你的朋友、家人和同事，站在公義的審判者神面前，但卻沒有耶穌基督，會怎麼樣？回想神的恩典在你的生命中做了什麼，想像一下神會在他們的生命中做什麼。然後深呼吸，禱告求神的靈做工，讓你開口傳講福音。

渴望祂

最後，福音應該促使我們盼望將來的日子。在那天，我們的君王耶穌會全然、永遠地建立祂的國度。這不是僅僅盼望最終得以在國度裏。我們盼望耶穌再來，不只是因為我們將生活在一個戰敗邪惡、正義統治的世界。

這些都是美好的應許，但是還不夠宏大。如果我們正確理解福音，會更加盼望那位君王，而不是那個國度。福音使我們認識祂、愛祂，並因此渴望與祂在一起。耶穌說：「我在哪裏，願（他們）也同我在那裏。」（約17:24）我們也切望與千千萬萬其他信徒一起敬拜祂，與祂同在。

關於神為我們這些愛祂的人預備了什麼，《啟示錄》中有一處奇妙的場景。雖然只是一個線索，但是在這得救子民

敬拜耶穌基督的畫面中,你仍然能夠感受到強烈的得勝、喜樂和安息。

> 此後,我觀看,見有許多的人,沒有人能數過來,是從各國、各族、各民、各方來的,站在寶座和羔羊面前,身穿白衣,手拿棕樹枝,大聲喊著說:「願救恩歸與坐在寶座上我們的神,也歸與羔羊!」(啟7:9-10)

那日,就是福音讓我們盼望的日子。歷經試煉逼迫,經受痛苦試探,遭受引誘冷漠,世界使我們身心疲憊,福音卻將我們指向天上。在那裏,我們的君王耶穌,就是替我們被釘十字架,從死人中榮耀復活的神的羔羊,現在正坐著為我們代求。不僅如此,福音也呼召我們前行,直到最後的日子。那日,天上將有大響聲,成千上萬被赦免的人讚美耶穌是被釘十字架的救主和復活的君王。

複習與討論

本章回顧:天堂的這一邊,基督徒仍然與罪爭戰。這是為什麼我們會忘記,甚至在一些時刻忽略了福音的能力和美麗。我們該如何重新調整我們的心思意念,讓我們不至於沉溺於屬靈的懶惰?我

們該如何以這個好消息為中心,來激勵我們的日常生活?

鑰節:《馬太福音》28 章 18 至 20 節;《路加福音》24 章 46 至 48 節;《羅馬書》8 章 31 至 32 節,10 章 14 節;《啟示錄》7 章 9 至 10 節

1. 如果你還不是基督徒,在你讀過此書後,挑戰了哪些你之前對基督教的看法?你是否已經準備好來相信耶穌而得救?(117 頁)

2. 如果你是基督徒,這本書是否幫助你記住你救恩的穩固是建立在基督的美善而不靠你的美德?請解釋。之後請思想、定心,在救恩裏面安息,並以此為樂。(118至119頁)

3. 福音如何教導並激勵我們愛基督的子民?實際來說,目前你與本地教會的關係如何?(119 至 120 頁)

4. 神期待祂的子民和其他人分享福音。你要如何將此當作你的屬靈操練？（120 至 121 頁）

5. 在《啟示錄》7 章 9 至 10 節，約翰讓我們看到這個世界終了的畫面。我們知道這一切都會朝哪兒發展。這在哪些方面讓你看到了你的罪？又如何鼓勵你？（122 至 123 頁）

特別致謝

和任何一本書的出版一樣，本書作者也要向無數的人表示感謝。人不可能閉門自學和思考，在過去的十幾年裏，多少弟兄姊妹和我就福音有過溝通和思想交流。但在此我想對其中幾位特別道一聲「謝謝」。

首先，感謝優秀的Crossway出版社團隊，謝謝你們給一個不知名的作者這次機會。如果主願意使用這本書來建造祂的教會，也是經由你們來成全的。

感謝九標誌事工團隊鼓勵我寫這本書，這本書的脫稿離不開他們的努力。舒馬特（Matt Schmucker）盼望全球教會健康的異象和熱情鼓舞人心，我很榮幸能認識他並與他同工。約拿單・李曼（Jonathan Leeman）在本書的寫作過程中給了我極大的幫助。經過多次交談、郵件往覆和修訂，他使本書更加完善。也要感謝鮑比・傑米森（Bobby Jamieson）與我談論神的國，害他喝了不少咖啡。在這個團隊裏真是何等喜樂啊！

感謝我親愛的弟兄狄馬可（Mark Dever），謝謝你敦促我寫出我的第一本書，我欠你的情誼難以言表。我很自豪能稱呼你為我的屬靈導師。我也很高興我們的主將我帶回華盛頓待了

一段時間，這對我們兩人都是驚喜。主是如此恩慈，賜給我們一起同工的時間。

最後，謝謝我堅強而美麗的妻子莫麗婭（Moriah），她是如此愛我和關心我。當我沉浸研究某個棘手的神學問題時，她也對我有超常的耐心。寶貝，我深深地愛你。

經文索引

你的教會健康嗎？

使命：

　　九標誌事工存在的目的是為了用聖經視野和實用資源裝備教會領袖，進而通過健康的教會向世界彰顯神的榮耀。

　　為此，我們希望幫助教會在常常被忽略的、但卻是健康教會當有的九個標誌上成長：

I.　解經式講道

II.　福音教義

III.　基於聖經理解歸信和傳福音

IV.　合乎聖經的教會成員制

V.　合乎聖經的教會紀律

VI.　關注合乎聖經的門訓和成長

VII.　合乎聖經的教會帶領

VIII.　基於聖經理解和實踐禱告

IX.　基於聖經理解和實踐宣教

　　在九標誌事工網站，我們會發表文章、書籍、書評和電子期刊。我們同時也舉辦大會、訪談教會領袖，和提供其他資源來裝備教會以彰顯神的榮耀。

　　您可以訪問我們的中文網站（https://tc.9marks.org/）來獲取更多的資源。

九標誌已經翻譯出版的「建造健康教會」系列書籍有：

《教會成員制》（*Church Membership*），約拿單・李曼（Jonathan Leeman）著，2014。

《解經式講道》（*Expositional Preaching*），大衛・赫爾姆（David Helm）著，2015。

《教會紀律》（*Church Discipline*），約拿單・李曼（Jonathan Leeman）著，2015。

《長老職分》（*Church Elders*），傑拉米・萊尼（Jeramie Rinne）著，2015。

《門徒訓練》（*Discipling*），狄馬可（Mark Dever）著，2017。

《福音佈道》（*Evangelism*），J. 史麥克（J. Mack Stiles）著，2018。

《福音》（*The Gospel*），雷・奧特倫（Ray Ortlund）著，2019。

《純正教義》（*Sound Doctrine*），鮑比・傑米森（Bobby Jamieson）著，2019。

《禱告》（*Prayer*），約翰・翁武切庫（John Onwuchekwa）著，2020。

《宣教》（*Missions*），安迪・詹森（Andy Johnson）著，2020。

九標誌已經翻譯出版的其他九標誌書籍有：

《健康的教會成員》（*What Is a Healthy Church Member?*），安泰博（Thabiti M. Anyabwile）著，2014。

《健康教會的九個標誌・學習手冊》（*Nine Marks of a Healthy Church Booklet*），狄馬可（Mark Dever）著，2014。

《神榮耀的彰顯：會眾制教會治理》（*A Display of God's Glory: Basics of Church Structure*），狄馬可（Mark Dever）著，2014。

《福音真義》（*What Is the Gospel?*），紀格睿（Greg Gilbert）著，2015。

《憑誰權柄：浸信會中的長老》（*By Whose Authority? Elders in Baptist Life*），狄馬可（Mark Dever）著，2015。

《何謂健康教會》（*What Is a Healthy Church?*），狄馬可（Mark Dever）著，2015。

《耶穌是誰》（*Who Is Jesus?*），紀格睿（Greg Gilbert）著，2016。

《福音信息與個人佈道》（*The Gospel and Personal Evangelism*），狄馬可（Mark Dever）著，2016。

《我真是基督徒嗎？》（*Am I Really a Christian?*），邁克·麥金利（Mike McKinley）著，2016。

《教會》（*The Church*），狄馬可（Mark Dever）著，2017。

《教會生活中的長老》（*Elders in the Life of the Church*），費爾·牛頓（Phil. A. Newton）與馬太·舒馬克（Matt Schmucker）合著，2017。

《迷人的共同體》（*The Compelling Community*），狄馬可（Mark Dever）與鄧潔明（Jamie Dunlop）合著，2018。

《牧師的輔導事工》（*The Pastor and Counseling*），傑里米·皮埃爾（Jeremy Pierre）與迪帕克·瑞吉（Deepak Reju）合著，2018。

《尋找忠心的長老和執事》（*Finding Faithful Elders and Deacons*），安泰博（Thabiti M. Anyabwile）著，2018。

《為何相信聖經》（*Why Trust the Bible?*），紀格睿（Greg Gilbert）著，2018。

《以聖道為中心的教會》（*Word-Centered Church*），約拿單・李曼（Jonathan Leeman）著，2019。

《什麼是教會的使命?》（*What Is the Mission of the Church?*），凱文・德揚（Kevin DeYoung）與紀格睿（Greg Gilbert）合著，2019。

《艱難之地的教會》（*Church in Hard Places*），麥茨・麥可尼（MezMcConnell）與邁克・麥金利（Mike McKinley）合著，2019。

九標誌已經翻譯的合作夥伴書籍有：

《豎起你的耳朵來：實用聽道指南》（*Listen Up! A Practical Guide to Listening to Sermons*），克里斯托弗・艾許（Christopher Ash）著，2015。

《以基督為中心的婚禮》（*A Christ-Centered Wedding: Rejoicing in the Gospel on Your Big Day*），凱瑟琳・帕克斯（Catherine Parks）與琳達・斯特羅德（Linda Strode）合著，2016。

《家庭敬拜》（*Family Worship*），唐・惠特尼（Donald S. Whitney）著，2018。

其他機構出版的九標誌中文書籍有：

《健康教會九標誌》（*Nine Marks of a Healthy Church*），狄馬可（Mark Dever）著，美國麥種傳道會，2009。

《深思熟慮的教會》（*The Deliberate Church*），狄馬可（Mark Dever）與亞保羅（Paul Alexander）合著，美國麥種傳道會，2011。

《聖經神學與教會生活》（*Biblical Theology in the Life of the Church*），邁克·勞倫斯（Michael Lawrence）著，中華三一出版有限公司，2018。

www.ingramcontent.com/pod-product-compliance
Lightning Source LLC
Chambersburg PA
CBHW031418120626
46545CB00006B/2172